池田恵利子　小賀野晶一
小嶋珠実　中井洋恵

エンパワメントブックス

成年後見と社会福祉

実践的身上監護システムの課題

信山社

　　　　　は　し　が　き

　成年後見法，介護保険法，社会福祉法が成立し，21世紀の社会のあり方を方向づけるような改革が進められています。
　それに伴い，第1に，それら新法（改革）が有する意義や実務・法理における機能を的確に評価するとともに，それらが抱える課題を明らかにすることが必要です。第2に，課題を解決するために，今後の方向を具体的に展望する必要があります。
　本書は，支援（援護）を必要としている方々の救済を願い，身上監護システムのベストの姿を追求したものです。中心となるべき概念（キーワード）は，福祉における「エンパワメント」であり，成年後見における「権利擁護」です。さらに，エンパワメントや権利擁護を実現するための「連携」を掲げることができます。「エンパワメント」，「権利擁護」，「連携」は，この種のテーマにおいてしばしば言及されてきましたが，それらに身上監護が組み合わせられることによって，論理的にも実務的にもより高い説得力がもたらされるのではないでしょうか。
　本書はこのような観点から，このたびの改革の意義と問題点を検討し，地域の人々に対して新しいシステムを具体的に提案しました。
　まず，「新法の成立と改革の意義」（第1部），「運用の現状と問題点」（第2部）を整理しました。また，「注目すべき実践例」（第3部）を掲げました。特に，大阪弁護士会（「ひまわり」），社会福祉士会，ＮＰＯなどの実践例と，ドイツ・カナダの事例に言及しました。いずれも，身上監護へのふみこみを認めることができます。そして，以上の検討のうえに，「今後の成年後見制度改革の視点」（第4部）をまとめました。そして，結論として，「望まれる後見システムのあり方」として身上監護システムを提案しました（第5部）。
　執筆者はそれぞれの専門分野を活かして，地域の福祉関係システムの一部に関与させていただいており，そこでの経験からさまざまな教示を賜わりました。とりわけ福祉実務の長年にわたる実践と試行錯誤の経験

はしがき

は，かえ難いものがあります。そこに本書のエネルギー源を求めることができます。

　私たちの提案が地域の人々に共感をもって伝えられることを期待します。もちろん，地域に押しつけるものではありません。むしろ全国画一でなく，各地域の特徴が発揮されるべきでしょう。地域には私たちの発想を遥かに超える豊かな想像力と経験と時代をきり拓くエネルギーが存在するはずです。本書が，地域における身上監護システム化の作業に少しでも参考になることがあれば幸いです。

　本書の企画・編集につきましては，信山社の村岡俞衛氏にたいへんお世話になりました。執筆者一同ここに厚く御礼申し上げます。

　2001年11月

執筆者一同

成年後見と社会福祉

目　次

はしがき

第1部　新法の成立と改革の意義

1　成年後見法の成立と改革の意義……………小賀野晶一　6
2　社会福祉法の成立と改革の意義……………池田恵利子　18

第2部　運用の現状と問題点

3　成年後見制度………………………………中井洋恵　29
4　介護保険制度と支援費支給制度……………小嶋珠実　32

第3部　注目すべき実践例

5　大阪弁護士会の取組み………………………中井洋恵　44
6　福祉現場における実践例……………………小嶋珠実　48
7　NPO法人による実践例……………………小嶋珠実　60
8　先進的外国法実務における参考例…………池田恵利子　68

第4部　今後の成年後見制度改革の視点

9　福祉現場からの提案…………………………小嶋珠実　80
10　エンパワメント的福祉支援…………………池田恵利子　87
11　弁護士実務からの提言………………………中井洋恵　91
12　成年後見法の展望……………………………小賀野晶一　100

第5部　望まれる後見システムのあり方

13　新しいシステムの提案………………………池田恵利子　108
14　後見ニードに即応するために………………小嶋珠実　117
15　地域における身上監護システムの構築……小賀野晶一　124

巻　末　　参考文献

1 成年後見法の成立と改革の意義

[小賀野晶一]

1 成年後見法の成立

一 立法化の経緯と成果

　民法典は，事理弁識能力が減退した者のために，禁治産・準禁治産制度を設けていたが，今日の時代にあわないことが明らかになり，重要な改革が行われた。これが成年後見法の改革といわれるものである。
　1999年12月に成年後見法が成立した（以下「新法」ともいう）。成年後見制度のうち，法定後見は「民法」改正，任意後見は「任意後見契約に関する法律」によって導入された。また，後見登記の方法が「後見登記等に関する法律」によって導入された。明治民法典（明治31年施行）には，心神喪失の常況にある者については禁治産，心神こう弱者（さらに浪費者）については準禁治産の各制度がおかれていたが，今日の少子・高齢社会の需要に的確に対応することができないことが明らかにされ，所管官庁の法務省において改正作業が進められていたものである。従来の禁治産，準禁治産に代わる新しい成年後見制度は，2000年4月から実施された。
　新法は，法定後見については，禁治産・準禁治産を改め，後見・保佐・補助とした（補助は新設）。また，法定後見のほかに，任意後見のしくみを新たに導入した。さらに，後見登記を新設し，欠格条項を整理するなどした。そのいくつかを以下に概観し，改革の意義を探ろう。

二　新法の骨子

　新法を総合的に理解するためには，法務省担当官らによる解説のほか，その他の専門家による研究を参照されたい[1]。

⑴　法定後見制度の改革（民法）
　法定後見としては，「後見」，「保佐」，「補助」の各類型がある。「後見」は旧禁治産，「保佐」は旧準禁治産に対応する。新設された「補助」は，最軽度の類型を扱う。
　a．開始の手続
　①　開始の審判（7，11・876，14-1・876の6）　　事理弁識能力の減退に係る鑑定は，後見，保佐については必要とされ（家審規24，30の2・24），補助については不要とされた（家審規30の9）。
　　本人の陳述を聴取する機会が設けられる（家審規25，30の2，30の10）。
　　保佐，補助については，本人の同意が必要である（保佐14-2，補助16-2）。
　②　請求権者（申立権者）（7，11，14-1）　　請求権者は，本人，配偶者，4親等内の親族，支援の主体・監督人（法定・任意）（略），検察官，市町村長（特別区では区長）である。後見については未成年後見人・未成年後見監督人が加わる。
　b．支援の客体（制度の対象者）　　支援の客体は，事理弁識能力を欠く常況にある者（成年被後見人という），著しく不十分な者（被保佐人という），不十分な者（被補助人という）である。
　①　行為能力　　制限能力者の行為については，取消の対象とされ（後見9-1），同意の対象とされる（保佐12-1本，補助16）。
　　ただし，日用品の購入その他日常生活に関する行為については，単独で有効に行為をすることができる（後見9但，保佐12-1但，12-2但）。
　c．支援の主体（制度の担い手）　　支援の主体は，後見，保佐，補助の各類型につき，それぞれ成年後見人，保佐人，補助人が担う。
　①　選　任　　選任は，家庭裁判所の職権で行われる（843-1，876の2-1，876の7-1）。

欠格事由あるいは資格制限について，定めがおかれる（847，876の2-2，876の7-2）。選任にあたっての考慮事情がある（843-4，876の2-2，876の7-2）。

法人成年後見人等（843-4，876の2-2，876の7-2），複数成年後見人等（843-3，859の2-1，2，3，876の2-2，876の7-2）の選任が可能となった。法定後見人制度（旧840）は廃止された。

d．支援の内容等

① 職　務　　職務の第1は，財産調査・財産目録の調整であり（853以下），第2は，身上監護である（858，876の5-1，876の10-1）。

支援者の職務遂行の指針として，本人の意思尊重，身上配慮の各要請がある（858，876の5-1，876の10-1）。身上配慮義務といわれる。

被後見人の精神病院への入院等の規定（旧858-2）は，削除された。医療保護入院（「精神保健福祉法」33-1）への保護者の同意については，第1順位の保護者は成年後見人とされ（「精神保健福祉法」20-1），家裁の許可は不要となった。

② 支援の主体が行使し得る権限　　支援の主体が行使し得る権限は，代理権，同意権，取消権である。

その1　［代理権］――成年後見人の財産管理と代理権（859-1）について規定する。保佐人への代理権の付与の審判は，「特定の法律行為」について行われる（876の4-1，その取消（876の4-3）・変更，本人の同意（876の4-2））。補助人への代理権の付与の審判についても，「特定の法律行為」について行われる（876の9-1，2，その取消（876の9-2・876の4-3）・変更，本人の同意（876の9-2・876の4-2））。

居住用不動産の処分については，家庭裁判所の許可を得て行うことができる（852・859の3，876の5-2，876の3-2，876の10-1，876の8-2）。

その2　［同意権］――保佐人については，保佐人の同意権の範囲（12-1），保佐人への同意権付与の審判（12-2本），保佐人の同意に代わる許可（12-3。12-4），について規定する。なお，成年後見人には同意権は認められていない。成年被後見人には取消の対象となる行為を観念することができないからである。

補助人については，補助人への同意権付与の審判（16-1。「特定の法

律行為」について），その取消（17-2）・変更，補助人の同意に代わる許可（16-3。16-4），補助人の同意権の範囲（16-1但），などについて規定する。

その3 [**取消権**]——成年後見については成年被後見人の行為（9本），保佐については同意権の対象範囲（12），補助については同意権が付与された「特定の法律行為」（16-4），などについて規定する。

③ その他　事務処理費用（861-2，876の3-2，876の5-2，876の8-2，876の10-1），報酬（852・862，876の5-2，876の10-1），などについて規定する。

e．成年後見監督人，保佐監督人，補助監督人（849の2，876の3，876の8）　必置ではないが，支援の各主体につき，その事務の処理を監督する監督人が用意されている。

法人成年後見監督人等（852・843-4，876の3-2，876の8-2），複数成年後見監督人等（852・859の2，876の3-2，876の8-2）が可能である。選任にあたっての考慮事情（852・843-4，876の3-2，876の8-2），などについて規定する。成年後見人に関する規定が準用される（852）。

f．その他　解任（846，876の2-2，876の7-2），などについて規定する。

(2)　**任意後見制度の導入**（任意後見契約に関する法律）

a．本人（委任者）（支援の客体）　支援の客体となり得る者は，支援を必要とすると自覚する本人である。

b．任意後見受任者（→任意後見人）（支援の主体）　支援の主体となり得る者として，法人も可能であり，複数の主体も可能であると解される。

c．任意後見契約の締結——支援の内容等

① 任意後見契約の意義　任意後見契約とは，委託事務について代理権を付与する委任契約で，任意後見監督人が選任された時からその効力を生ずる旨の定めのあるものをいう（任2一号）。

② 委託事務（任意後見人の事務）の範囲（任2一号）　委託事務，すなわち任意後見人の事務の範囲は，精神上の障害により事理を弁識

する能力が不十分な状況における委任者の生活，療養看護及び財産の管理に関する事務の全部又は一部である。

③ 方式　任意後見契約は，公正証書によって行わなければならない（任3）。

d．任意後見監督人

① 家庭裁判所による選任　任意後見監督人の選任は，家庭裁判所がこれを行う。選任の事由（任4-1本），手続（任4-1本），欠格事由（資格制限）（任5）について規定する。

　　任意後見監督人は，法人もなり得ることを明記した（任7-4・843-4）。複数の任意後見監督人も可能とした（任4-5，任7-4・859の2）。

② 職務（任7-1一号～四号）　任意後見監督人の職務は，任意後見人の事務を監督すること，任意後見人の事務に関し，家庭裁判所に定期的に報告をすること，急迫の事情がある場合に，任意後見人の代理権の範囲内において，必要な処分をすること，任意後見人又はその代表する者と本人との利益が相反する行為について本人を代表すること，である。

③ 監督の方法（任7-2）　任意後見監督人は，いつでも，任意後見人に対して任意後見人の事務の報告を求め，又は任意後見人の事務もしくは本人の財産の状況を調査することができる。

④ その他　報酬（任7-4・民862），家庭裁判所による監督（任7-3，7-1二号），解任（任7-4・846）などについて規定する。

e．契約の発効　任意後見契約は，任意後見監督人が選任されたときから発効する（任2一号）。本人の意思が尊重される（任6）。

f．任意後見の終了等　任意後見人の解任（任8），任意後見契約の解除（任9），代理権消滅の対抗要件（任11）について規定する。

g．成年後見等との関係の調整　任意後見優先（任10-1）の原則を明らかにする。ほかに，任意後見と法定後見との関係（任4-2，10-3），法定後見優先（任4-1但二号），法定後見開始の事由（任10-1），などについて規定する。

(3)　**後見登記制度の導入（後見登記等に関する法律）**

官報での公表，戸籍への記載が廃止されるとともに，後見登記制度が導入された。

後見，保佐又は補助の登記は，嘱託又は申請により，磁気ディスクをもって調整する後見登記等ファイルに，一定事項を記録することによって行う（後4）。

任意後見契約の登記は，嘱託又は申請により，後見登記等ファイルに，一定事項を記録することによって行う（後5）。

何人も，登記官に対し，次に掲げる登記記録について，登記事項証明書（後見登記等ファイルに記録されている事項──記録がないときは，その旨）の交付を請求することができる（後10-1）。すなわち，①自己を成年被後見人等又は任意後見契約の本人とする登記記録，②自己を成年後見人等，成年後見監督人等，任意後見受任者，任意後見人又は任意後見監督人（退任したこれらの者を含む）とする登記記録，③自己の配偶者又は4親等内の親族を成年被後見人等又は任意後見契約の本人とする登記記録，④保全処分に係る登記記録で政令で定めるもの。

2　改革の意義

一　評価の基準と考え方

(1)　財産管理アプローチと身上監護アプローチ

新法を評価するためには，立法化にあたりどのような目的が設定されたか（ⓐ），その目的を達成するためにどのような目標及び方法が掲げられたか（ⓑ）が問われる（周知のように，ⓐ，ⓑは評価の手法として用いられることがある）。ⓐ，ⓑについては，立法過程において指摘された旧制度の問題点及び改革の視点などを吟味すればよい（これについては法務省担当官らによる解説を参照されたい）。

立法化の段階において学界では，本改革は民法典の改正であることを重視し財産管理を中心にした改正にとどまるべきであるとする見解（財産管理アプローチ）と，要援助者を生活に重点をおいて支援するしくみ

として成年後見を位置づけるべきではないかとする見解（身上監護アプローチ）とが主張された。ここでの支援は、社会福祉でいわれる援護やエンパワメントの考え方と共通する。上記ⓐの妥当性を問うたともいえる。

両アプローチは、制度論のあり方として主張された。規範としては、私法規範のあり方を明らかにすること、つまり私法規範の定立が課題とされた。

(2) 自己決定権と後見的関与との調整

自己決定権と後見的関与との調整をいかにするかは、新法制定にあたっての課題であった。後見的関与は、自己決定と対極の概念として用いられており、パタナリズムの発現と説明することもできる。この調整は成年後見の構成について、法定後見の改革だけでよいのか、任意後見も必要かという問題とも関係する。

新法はこの問題について、法定制度と任意制度の双方を存置するとともに、法定制度では本人の意思尊重を掲げ、任意後見では当事者の自由を原則としつつ家庭裁判所等を関与させた。かかる関与は後見的な配慮を行うためである。任意後見については、任意後見人の活動を家庭裁判所や任意後見監督人が監督し、また、契約の締結の方式として、公正証書と登記とを要求する。任意後見契約を完全には契約自由の原則にゆだねず、いわば公的関与をくみこませている。この結果、制度に対する信頼度は高まった（他方、手続上の利用のし易さは後退した）。

ところで、成年後見の根底となる考え方は、弱者保護に求められるべきである。成年後見制度における弱者保護は、「パタナリズムの保護から、自己決定権を尊重する支援へ」ととらえることができるであろう。ここに弱者を、事理弁識能力の減退者ととらえるか、身上監護能力の減退者ととらえるかについては、制度のとらえ方によって見解が分かれる。なお、一定の者を弱者として扱うことや、弱者の呼称については疑問視する見解もみられる。その趣旨はうなずけるが、弱者保護は法的保護のあり方を追求する法学上の基本テーマであることを確認しておきたい。

弱者保護の理論を追求するにあたっては弱者概念を明らかにすべきで

ある。本テーマについては，弱者＝身上監護能力の減退した者ととらえたい。そして，より根底には，自然界・生物界の原理やその実態に関心をよせ，人々が地球の生態系のなかでかろうじて生かされていることを自覚しなければならない。

(3) 成年後見制度の発展可能性

わが国の少子・高齢化は急速に進行中であるから，成年後見制度に基づく援助・支援のあり方については介護保険の運用などを含め，試行錯誤が続けられることとなろう。このような場合，改革の意義を求めるにあたっては，その制度の発展可能性を追求すべきである。新制度の導入の意義を明らかにすることは有益であるが，制度に対する最終的評価はその運用等を考慮しつつ判断することが必要であろう。新法の解釈・運用にも期待すべきところがあり，これを軽視することは適切でない。

本研究は成年後見制度の発展を期するものであることを確認しておきたい。成年後見制度の発展可能性を追求するために，成年身上監護の制度像とそこにおける規範を明らかにすることが有用である。

二　制度論のあり方からみた改革の意義

(1) 財産管理アプローチからの評価

財産管理アプローチは改革の目的として，財産管理のしくみの改善を掲げる。

新法は，自己決定権の尊重，残存能力尊重の理念に基づく。これは，個人を実質的に支援し，権利擁護（権利保障）を進めるものである。とりわけ，福祉分野において目標とされてきたノーマライゼーションを，民法の財産管理に応用するものといえる。これを評価の基準からみると，上記ⓐとⓑとは整合している。

新法は，支援の客体を（行為）無能力者とせず，制限能力者として位置づける。官報での公表・戸籍への記載も廃止した。必要性の原則，補充性の原則は，成年後見制度の基本的考え方として，新法もこれを採用した（本人の意思尊重の諸規定のほか，任意後見契約に関する法律10条1項

参照)。両原則は比較法研究において強調されていた。以上はいずれも，人権に配慮するものである。

保佐，補助について本人の同意が必要であるとされたのは（14条2項，16条2項），本人の自己決定権を尊重する趣旨である。請求権者として新たに市町村長が加えられたのは，要援助者をその者が生活する地域において支援するという考え方に基づくものといえる。

補助の新設を含め，上記の改革は，少子・高齢社会における社会的要請（需要の拡大）に応えようとする。ただし，もしも財産管理アプローチが機能において民法と福祉法との結合を否定するなら，その到達点には限界があろう。

(2) 身上監護アプローチからの評価

このたびの改革は民法典施行以来100年ぶりの改革であった。この改革を評価するにあたっては，その間に人々の生活やそれをめぐる状況が一変したこと，とりわけ少子・高齢社会が到来し，介護問題[2]など重要な課題が出現したことを考慮しなければならない。身上監護アプローチはかかる時代の変化の動態を重視する。

なぜこの時期に改革されたのかを探ると，わが国の少子・高齢化の実態，介護保険法・社会福祉法（社会福祉事業法の改正）等が制定されるような法的背景，外国法制の動向及び比較法研究，などを挙げることができる。

上記(1)で掲げた諸点は，身上監護アプローチからの評価でもある。加えて，身上監護アプローチでは身の処し方，生活の仕方についてふみこんで考え，身上監護事項に係る自己決定権を総合的に保障しようとする。これを評価の基準でみると，ⓐは財産管理ではなく身上監護が設定されるべきであったということになる。そして，法定後見・任意後見における支援のあり方について，その客体，主体及び内容を身上監護制度の構築という視点から明らかにする必要がある。

「人間の尊厳」[3]を考慮するなら，身上監護を徹底しなければならない。以下にみるように，新法に対する身上監護アプローチからの評価は，新制度の導入という結果を肯定的にとらえ，これを真に活かすことを願っ

ている。それは建築物をより堅固な耐震構造に改築することによって長期かつ快適な利用をめざすようなものである。

① **身上配慮義務の導入**　福祉・保健・医療の事実行為と，かかる事実行為を決定する権限との違いを明確にしなければならない。身上監護は，決定権限を中核とする概念としてとらえたい（米倉説，須永説。明示的には説明されないが，介護を否定していることから，新法も同様であろう）。この決定はもちろん，医師等が治療等を行うにあたってなされる決定とは異なるものである。そして，身上監護人の決定権限には，決定に従って手配を行うことが含められている。これは，社会福祉において用いられているエンパワメントの機能にほかならない[4]。

身上監護は民法の対象外とする扱いも可能であり，そのような主張もなされたが，新法はこれを明文で導入した。すなわち，成年後見人等はその事務を行うにあたっては，本人の心身の状態及び生活の状況に配慮しなければならないとした（858，876の5-1，876の10-1→876の5-1）。身上配慮義務は後見類型だけでなく，保佐・補助の類型に拡大された。日本民法史上，画期的なことであろう。

新法はこのように，財産管理を中心にしつつ，身上監護にも配慮を示す。ただし，これを身上監護への配慮の徹底という観点からみると，その客体が限定され（7条，11条，14条1項），その内容も部分的であり（858条，876の5-1，876条の10-1→876条の5-1），身上配慮義務は努力義務にとどまるとする見方が有力である。新法は，成年後見（法定後見）の発動要件を「精神上の障害による事理弁識能力の減退」に限定しているから，新制度はこれを総合的に身上監護を扱うものとして位置づけることはできない。個人が個人として「あるがままに」尊重される社会を実現するために，しくみのあり様を修正すべきである。すなわち，成年身上監護制度の具体化が進められなければならない。

② **「介護の社会化」の保障**　介護保険は，福祉サービスの利用について，契約的手法を導入した（福祉サービス利用援助事業も同様）。これは，福祉の伝統的手法である措置を止め（「措置から契約へ」），契約の交渉・締結・履行・終了の全体にわたり自己責任が貫かれることを意味する。介護保険は「介護の社会化」の実現をめざすものであるから，

「措置から契約へ」の変化は、契約によって「介護の社会化」を支えることを意味する。

介護保険における契約的手法の導入は、福祉サービス利用援助事業においても行われる。契約は、福祉サービスあるいは社会サービスの基本的方法として位置づけられている。

社会福祉におけるこのような変化を、成年後見がしっかりと受けとめ「介護の社会化」を保障する必要がある。しかし、新法が導入した成年後見と、福祉分野で進められている介護保険や福祉サービス利用援助事業とは、支援・援助の内容が違っており、支援・援助の客体や主体も同一でない。地域におけるノーマライゼーションの実現という目的は、上記三者で基本的に変わらないことを自覚すると、制度のあり方が現状のままでよいということはできないであろう。

③　まとめ　858条等によって新たに求められた身上配慮の要請が民法の解釈・運用において限定されることは、この制度が財産管理のしくみとして位置づけられている以上、仕方のないことといえる。しかし、地域においてめざされるべきは、新法の立法化にあたり強力に主張されたように（新井説、須永説）、生活支援であり、そのための財産管理である。そうすると、支援の客体としては、事理弁識能力に限定されず、それを中核としつつもより広く身上監護能力の減退者が登場すべきである。また、支援の主体も一層充実させ、福祉・保健・医療の専門家が有する機能をひきださなければならない。

以上、身上監護アプローチでは、支援の内容、客体及び主体の全てについて整備されることとなる。

③　おわりに

身上監護アプローチのもとでは、成年後見法についての従前のとらえ方を財産管理アプローチと称し、その意義を認めつつ、そこに含まれる問題点を明らかにしようとしている。両アプローチは対立する面があるが、それは相互になじまないというものではない。生活を進めるうえで

身体的,精神的に困難を感じている人々を支援するためには,財産を適切,有効に利用しなければならず,このことについて両アプローチに基本的な違いがあってはならない。実質的に弱者保護を進めるために,財産管理のあり方を身上監護の価値とともに追求することが必要である。

(1) 本書巻末に掲げられた参考文献のほか,民法体系に成年身上監護論を位置づける近江幸治『民法講義(民法総則)第3版』(成文堂,2001年),地域福祉権利擁護事業とともに考察する田山輝明「高齢社会における地域生活と権利擁護」内田勝一・浦川道太郎・鎌田薫編『現代の都市と土地私法』375頁(有斐閣,2001年),ふみこんだ解釈論を行う須永醇『新訂 民法総則要論』追録(「『成年後見制度』の改正に伴う行為能力制限の制度と任意後見契約法および後見登記法」訂正表)(勁草書房,2001年),などが個性的である。
(2) 本書において筆者は,「介護問題」を,社会福祉において用いられている介護に係る問題のほか,保健・医療に係る問題をも含めて用いる。さらに,より広く社会サービスの問題としてとりあげ,居住,環境,安全,交通,教育,雇用,余暇生活,レクリェーション,リハビリテーションなどについて検討する必要がある(池田恵利子「一人暮らし都市高齢者と成年後見制度」月刊総合ケア11巻10号18頁以下(2001年)参照)。
(3) 米倉明「[講演]高齢者問題と法——現代法の根本原則」タートンヌマン4号1頁以下(2000年)。実践からの問題提起を行うものとして,日本弁護士連合会『高齢者の人権と福祉——介護のあり方を考える』(こうち書房,1996年)参照。
(4) 社会福祉におけるエンパワメントの概念については,本書執筆にあたり池田恵利子,小嶋珠実の両氏から教示を得た。また,成年後見に関する大阪弁護士会のとりくみについて中井洋恵氏より教示を得た。

2 社会福祉法の成立と改革の意義

[池田恵利子]

1 社会福祉法成立の背景とその経緯

　現在までの社会福祉制度は，第二次大戦の復興期に貧困者，戦傷病者，戦災孤児等を緊急に保護・救済するために旧社会福祉事業法を中心に，行政指導で措置の対象者及び内容を判断し，保護・救済を行う仕組み（措置制度）として制度化され，その後の経済成長に歩をあわせ発展してきたものである。
　しかし，終戦から半世紀を過ぎ，生活水準の向上，少子・高齢化の進展，家庭機能の変化等の社会環境の変化に伴い，今日の社会福祉制度には，従来のような限られた者に対する保護・救済にとどまらず，児童の育成や高齢者の介護，障害者の自律と社会参加等，国民一人一人が自立した生活を営む上で生じる多様な問題に対して，その生活を支える役割を果たしていくことが求められるようになってきた。
　このように社会福祉に対する需要は増大・多様化していく中で，これからの社会福祉の在り方についての議論をふまえた後，平成12年5月29日「社会福祉の増進のための社会福祉事業法の一部を改正する等の法律」が参議院本会議で可決，成立。その後6月7日に公布施行された。しかし，実施までの準備期間を考え，身体障害者生活訓練事業等の見直しは平成13年4月1日から，そして措置制度の利用契約方式への変更，地域福祉計画の策定，知的障害者福祉等に関する事務の市町村への委譲に関する規定については，平成15年4月1日という三段階での施行とな

った。
　現在，厚生労働省では，これらの法改正と同時に運用事項の見直しを併せてすすめており，その全体を社会福祉基礎構造改革として捉える必要がある。

② 社会福祉法の骨子と社会福祉基礎構造改革

　従来の「社会福祉事業法」はその名称が示すとおり，事業者側に着目し，それに対し諸規制を行うことを通し，これらの事業が公明かつ適正に行われることをねらいとしていた。これに対し「社会福祉法」は，目的及び理念規定を利用者本位の社会福祉を確立させる観点から規定し直し，「福祉サービスの適切な利用」（第8章），「地域福祉の推進」（第10章）という新しい章を設けたこと等により，その内容及び性格が変更されたことに伴ってその名称を変更したものとされている。
　またそれを受けて，その目的規定を第1条に「社会福祉を目的とする事業の全分野における共通的基本事項を定め，福祉サービスの利用者の利益の保護および地域福祉の推進などを図り，もつて社会福祉の増進に資すること」と明文化している。
　この「社会福祉法」を中心に据えた社会福祉基礎構造改革に基づき改正の対象となる法律は，身体障害者福祉法，知的障害者福祉法，児童福祉法，民生委員法，社会福祉施設職員等退職手当共済法，生活保護法の一部改正，公益質屋法の廃止の8本に及んでいる。
　これらを通して具現化を図る社会福祉基礎構造改革の柱としては，以下の3つを掲げることができる。
　① 個人の自立を基本として，その選択を尊重した制度
　② 質の高い福祉サービスの拡充
　③ 地域での生活を総合的に支援するための地域福祉の充実
　そしてこれらは以下の各法から具体的に読み取ることができる。
　(1) 利用者の立場に立った社会福祉制度の構築
　① 福祉サービスの利用制度化

第1部　新法の成立と改革の意義

　　　身体障害者福祉法，知的障害者福祉法，児童福祉法の改正により，福祉サービスの提供方式を利用者が事業者と直接契約し，市町村が支援必要支給する方式に改める。
② 　利用者保護制度の創設
　　　改革により利用者と事業者が法律上は対等とされるが，社会福祉法に不利な立場となりやすい利用者側への支援制度が整備創設された。
　　福祉サービス利用援助事業の創設（80条，81条）
　　苦情解決の仕組みの導入（82条，83条，84条，85条，86条）
　　契約についての説明（75条）・書面交付の義務づけ（76条，77条）
　　誇大公告の禁止
(2) 　サービスの質の向上
① 　良質なサービスを支える人材の育成と確保
② 　福祉サービスの質の評価
③ 　事業の透明性の確保
(3) 　社会福祉事業の範囲の充実・活性化
① 　社会福祉事業の範囲の拡充
　　　新しく以下の9事業を第2種社会福祉事業として社会福祉法第2条に位置づけた
　　　　ア　児童福祉法に規定する障害児相談支援事業
　　　　イ　身体障害者福祉法に規定する身体障害者相談支援事業
　　　　ウ　身体障害者福祉法に規定する身体障害者生活訓練等事業
　　　　エ　身体障害者福祉法に規定する手話通訳事業
　　　　オ　身体障害者福祉法に規定する盲導犬訓練施設を経営する事業
　　　　カ　社会福祉法に規定する福祉サービス利用援助事業
　　　　キ　知的障害者福祉法に規定する知的障害者相談援助事業
　　　　ク　知的障害者福祉法に規定する知的障害者デイサービス事業
　　　　ケ　知的障害者福祉法に規定する知的障害者デイサービスセンター事業
② 　社会福祉法人の設立要件の緩和

小規模作業所など地域における福祉活動の推進
③　社会福祉法人の運営の弾力化
(4)　地域福祉計画の推進
①　地域福祉計画の策定
②　社会福祉協議会，共同募金，民生委員の活性化

③　社会福祉法の理念実現にむけて
権利擁護（アドボカシー）と社会サービスへの視点

　筆者は，人間の内なる力を信じ，要援護者自身が主体性をもって自分で全うできる可能性を信じる当事者中心主義を支持し，それを支援する社会福祉専門職の立場をとりたい。また，真にノーマライゼーションの理念実現にむけ「恩恵から権利へ」の社会福祉への流れを実のあるものとしていくために，この基礎構造改革の方向性に基本的に賛成する者でもある。
　しかし，実際は，社会福祉法において利用者の「権利」にふれた規定は，第3条，第4条，第5条，第6条を参照しても存在せず，「利用者は」という利用者を主語にすえた条文も，実体的な福祉請求権や受給権の確立に向けた言及もない。これまで保護的であった政策の変革に際しては，そのしわ寄せは社会的な弱者に出やすい。このまま利用者支援や権利擁護の仕組みが整わないままでは，公的扶助研究会の指摘にあるように「命がけの自己決定を国民に求めている」[1]ものとなるおそれがある。
　21世紀の「個の時代」に国民として想定されるのは「完全に合理的な個人」[2]として明らかに自分で考え自分で決め責任をとることのできる国民であり，改革にはその前提条件や権利擁護の基盤整備が必要で，社会のインフラストラクチュアとしてされる必要がある。
　これまでの日本の社会福祉の世界においては，要援護者を「主体」として位置づけ，その主体性を重要視しつつ権利性に基づいて権利擁護を論じる主体的障害者・高齢者像による能動的権利論を明確に採る権利擁護の議論が乏しい現状がある。新しい社会福祉理念に基づく社会福祉法

が，その理念を尊びつつもその影響をもろに受ける者たちを擁護する能動的権利擁護論による基盤整備を明確にさせなくてはならない。

今日の社会福祉と権利擁護の問題について，日本学術会議社会福祉・社会保障研究連絡委員会報告では以下のようにまとめている。

> 「今日では，福祉の利用を必要とする者は，低所得者にとどまらず，子どもから高齢者まで，障害者や慢性疾患患者等を含む，生活上何らかの問題をや障害を有し，自立生活のために支援を要する人々である。従って今日では社会福祉の目標は，憲法25条の最低生活保障のみでなく憲法第13条の幸福追求権の具現化と個人の尊厳の保持を目的とした普遍的なサービスへの変換を必要としている。
>
> そしてそれに伴い福祉先進国では，国民生活を包括的に保障することを目的として社会福祉社会保障の内容を広くとらえ，所得保障と対人サービス（医療，保健，福祉，介護）の社会保障，教育保障，住宅保障，移動保障，雇用保障等をふくめた社会サービスという概念による生活全般の保障を考え，人間の生活を支えていく方向を模索している。
>
> また，これまでの福祉は行政責任において直接サービスを提供してきたが，これからは民間サービスも活用しながら，すべての人が主体的な選択と自己決定の基に普遍的サービスとして利用できることが求められている。そして，その際における選択や決定のできない人への権利擁護のシステムの確立は必須である。
>
> このような考え方とそれに基づく政策・実践は，イギリスやスウェーデンなど福祉先進国ではすでに一般的となっている。」[3]

ここにおいての権利擁護は欧米では一般的にアドボカシー〔advocacy〕と訳される社会福祉ニーズを持つ方の「生活と権利」を擁護するための専門的実践であり，単に権利だけのためではない，とされている[4]。つまり権利擁護とは，要援護者や社会福祉サービス利用者をエンパワメントし，その主体性を護り権利主張を支援代弁していくことである。

介護保険制度導入や社会福祉基礎構造改革のメリットと考えられる

「恩恵から権利の福祉へ」⁽⁵⁾の変換を実のあるものとして具体化させていくためには，利用者の権利性の明確化と利用者中心主義の実現を支援するための権利擁護が必要である。

憲法第25条の最低生活保障だけであれば，措置制度のもと限定的な対象者を弱者として保護し，制度と施設というハード整備とお金で解決できたが，「個人の尊重」をかかげた憲法第13条の実現には，個別的な権利を基礎にした，個別的な私的自治における自己決定権の尊重と，それを可能にするための対人社会サービスの整備が権利擁護としても不可欠になっている。

介護や福祉のニーズを持つ要援護者ほど，情報を自ら手に入れたり，合理的な判断をできないような状況に追い込まれていたり，その能力が低下していたり，自らのパワーを確信し発揮できる状況ではなかったりすることは，想像に難くない。つまり介護・社会福祉の要援護者のうち相当数は，自己決定権を行使できる状況にないというのが現実である。

サービス利用者と事業者は対等に位置づけられるべきであり，ハンディを持つ者にはその立場に寄り添える支援者を配置することにより当事者の最善の利益を護ることができるとするのが近年の欧米諸外国における権利擁護の基本的な考え方であり，成年後見人の存在もその考え方に基づくものである。

4　社会福祉法と成年後見制度

21世紀の日本は，少子高齢化と同時に，介護保険や年金のしくみの検討などに象徴されるように，家族単位から個人単位の「個人の時代」になっていくとも言われている。

しかし現実には，その21世紀を見こして総務庁が主催した「21世紀日本の構想懇談会」報告書が「個の確立と新しい公の創出」の必要性を結論づけているように，いまだ日本という国は欧米諸国と比べ，民主主義の基本ともいえる"個の確立"がなされていない国である。実際にこれまでの日本の社会保障のシステムは，暗黙の上に家族がその機能の一部

を担うことを前提として成り立っている部分があり，社会福祉制度における施設の役割もその考え方の延長の上に生活を丸ごと「保護」する形で家族機能を代行してきたところがある。そして社会福祉基礎構造改革で頻繁にいわれる"自立"，"社会連帯"も，本来この「個」の確立と市民社会を支える基盤整備があってはじめて可能となるものである。「介護の社会化」をうたう介護保険制度とともに，身上監護事項を中心に据えた成年後見制度などはその「個」の確立の方向性において大きな柱として期待すべきものである。

新しい福祉利用は「どう生きたいか」という本人の意思を利用サービスとして契約するかたちであり，契約は当事者である両者が対等に合理的判断能力をもっていることを前提に，自由な意思に基づいて成立し，締結によって権利義務関係とその責任が生じるものである。この利用者個人の自由な意思に基づく「契約」を土台にした欧米社会では，契約は個人の持つ「権利」であって，利用者である本人自身が決定権のある権利主体であることに対して社会全体も，また利用者としての個人も行政もが当然それを前提として理解されている。

また，19世紀の英国の法制史家であるメイン卿が「身分から契約へ」として，近代身分法の夜明けを表したように，契約は近代私法の原則として自由という概念に支えられる自己実現と自己決定権につながる。そして，自己決定権は「自分の人生の主役は自分自身」であること，自分らしさを法的に担保するものでもある。

このように自己の意思によって決定がなされ，自己の責任としてその結果を享受することをあたりまえとした成熟した市民社会においては，弱者としてはまず自分の意思を自分の権利として主張したり行使できない者があげられる。欧米において権利擁護と同義であるアドボカシー（代弁）は，そうした知的障害や痴呆，そして身体障害者等生まれたときからの限定的な環境の中で知識や自己決定についての社会的経験の不足による等の理由によって，自己決定により主体的に生きにくい状況に置かれる者へ係わり，それらの者が不利にならないようにその生活と権利を擁護することである。これらの者はまた権利侵害も受けやすく，公的な対応が必要な者でもある。

2 社会福祉法の成立と改革の意義

　これらのものをただ弱者としてその主体性と個別性を十分留意することなく遇するのでなく，社会福祉援助の基本にエンパワメントという概念をすえ，本人に内在する力（生きているものすべてにある）を出やすくしたり引き出したりする援助こそが今求められている。

　このことを社会福祉の援助という面から考えると，契約制度下の社会福祉援助においてはまず的確な情報と助言の基盤が用意されれば，自分で考えて選択・契約し自分で利用し苦情も言える方々への関与は最小限にとどめ私的自治に任すことが適切である。それに対し新しく力を注ぎ模索がされなくてはならないのは，自分で自分の生活と権利を主張したり護れない方々への関わりであることが理解できよう。

　誰もが，住み慣れた地域において自立して尊厳を持って生活し続けるためには，生活全般における必要なサービスがあり，要援護者である本人の意思を尊重した総合的な支援が個別的にその居住するところで受けられることが前提として不可欠である。

　本人の権利，特にどこでどの様に生活するか等の私的な問題については，誰が「最善の利益」を理解し代表していくか，もちろん本人自身が一番ふさわしいが，そうできなくなった場合も想定されなくてはならない。身上監護とは，それに当たることに他ならない。これまでの措置からの移行に関して「社会福祉法」の理念実現については，権利擁護の視点から見てこの点が一番のポイントであると言えよう。しかし，実際にはここそがシステムとして未整備であり意識が改革されていない点でもある。本書がその結実として生みたいのは，その点を補い利用者（当事者）中心という社会福祉基礎構造改革の理念をすすめることである。

　介護保険法では，利用者とサービス提供事業者は利用契約を締結することが法制度の基本となっており，このことが利用者の自己決定権の尊重と選択の自由による競争原理の確保等につながるはずであった。契約である以上，判断能力の低下している者に対する支援が別途必要なことは当然で，平成9年末介護保険法案が国会で可決される際「自己決定の理念を尊重した新たな成年後見制度の創設について立法化を含めた検討を行い，必要な措置を講ずること」として，衆議院参議院ともに附帯決議がつけられたのである。

第1部　新法の成立と改革の意義

　これまでの福祉においては，措置制度という国家・家族的な考え方と，身内である家族によって本人に代わって福祉ニーズの代弁と代理がされ，弱者としての立場は護られてきたかのように見える。しかし，社会福祉関係者は必ずしも家族イコール本人である利用者の権利や立場の代弁者ではなく，時にはその利害が対立することもあること，家族が常に"個"として本人の立場に立ってその利益を代弁する者ではないことに気づかされてきた。また，本人の思いとは別に福祉関係者が「本人にとって一番良いと思われること」を決定せざるをえなかったり，権限はないのに代理決定せざるを得ない場に追い込まれてきた。

　しかし，福祉利用が普遍的なサービスとして考えられるなら，これを機に自己決定権は国民の一人ひとりの権利として保障され，その代理については一般社会のルールである民法のもとにコンプライアンス（遵法化）され国民の納得を得るものとして，社会化していかなくてはならない。

　家族以外の第三者が主に身上監護者となりうることについて，小賀野昌一はその著書『成年身上監護制度論』の中で，「仮に親族によるアレンジが理想だとしても，核家族化がすすみ，お互いの生活に対する事実上の関与は疎遠になりつつある。他方で，第三者によるアレンジの方が適切な場合が考えられる」として超高齢社会を迎える中でその必然性を述べている。

　たとえば介護保険の利用であれば，介護が必要と判断される場合，介護保険の被保険者で痴呆等判断能力の低下が見られる場合は，契約の当事者として本人が自己決定ができる状態であるかどうかの判断を迫られる。①要介護認定の立会い，②認定への不服申立，③ケアプラン作成への参加，④ケアマネジャーの作成したケアプランへの同意，⑤事業者との契約の締結，⑥ケアプランの見直し等各場面において，本人の意思の確認の問題と費用負担ができるかなどの検討が必要である。独居の高齢者などで判断能力に疑問が在る場合は，速やかに関係者家族等で検討し必要があれば後見人を付ける申し立てを行うことが望ましい。

　今回の制度は，4親等内の親族が存在しない要援護者に対して後見人をつけられるよう市町村長に対し審判の請求権を付与している。こうし

て後見人が,被後見人が介護保険制度を利用する際にも,本人である要援護者の最善の利益を考え代理人として法律行為である契約を介護支援事業者と結ぶことになり,介護支援専門員(ケアマネジャー)が提示するケアプラン作成等に関して,本人側にたち本人の意思実現のために事業者等と対等にやり取りをする立場の者となる。

成年後見制度は,民法という福祉諸法とは立法の理念も法技術も異なる法分野に位置づけられる制度である。しかし,これまで述べたような状況のなかで,福祉サービス利用の方法が契約となり民法との接点をもつこととなった。

しかし今回の成年後見制度という民法の領域においても,国家の個人生活への介入は民法の古典的理解としてできるだけさけるべきであるという考え方[8]が日本では支配的であった。だがさけて通っているだけでは要援護者の「生活」問題である身上監護事項は解決しない。

今後日本でも福祉・介護が普遍的社会サービスへと変換を図り,権利主体が利用者本人であることを明確に認識されれば,法的にできるだけ明確な決定のルール化が求められ,従来のようにたとえ「本人のため」とはいえ本人の意思を確認することなく軽々に代行決定がされるべきでないことは明らかである。代行決定をその権利と責任の所在の確認なしで行えば,権利擁護どころか自己決定権に対する権利侵害ともなり,特に「どこでどの様な暮らしを」といった私的な問題については,あくまでもエンパワメント的な対人支援の末に,慎重に行われるものでなくてはならない。河野正輝が福祉自治体ユニットの研究会で発言しているように「代行決定してしまうことが権利擁護ではない」[9]ことは明らかである。

社会福祉法の理念を活かし,利用者として要援護者が主体性をもち当然に自分の行為や生活について決定することができることをめざした対人支援が,まず基盤構築され,整備されることが望まれる。

(1) 平野方紹「社会福祉基礎構造改革」公的扶助研究,11ページ。
(2) 金子勝『市場』岩波書店,1997年。
(3) 森田ゆり『エンパワメントと人権』解放出版社,1998年。

第1部　新法の成立と改革の意義

(4) 第十七期日本学術会議社会福祉・社会保障研究連絡委員会報告「社会サービスに関する研究・教育の推進について」2000年，5～18ページ。

(5) 法政大学主催《現代福祉学部創設記念シンポジウム》(1999年12月) 東京都における厚生省社会・援護局長の炭谷茂氏の発言 (同報告書22ページ)。

(6) 渡部律子「ケアマネジメントと自己決定」『ケアマネジャー』2000年12月号，26ページ。

(7) 副田あけみ「なぜ「自己決定」が重要なのか」『ケアマネジャー』2000年12月号，15ページ。

(8) 代表的な論文としては道垣内弘人「成年後見制度私案1～7」(『ジュリスト1074号』所収) がある。

(9) 福祉自治体ユニット「権利擁護研究会」(1998年10月，東京) における河野正輝氏の発言。

3 成年後見制度

［中井洋恵］

　1．禁治産・準禁治産の時代には，我々多くの弁護士は，戸籍への記載や，時間がかかるなどの理由で，余り利用を勧めることはしなかった。
　しかし，それにもかかわらず，禁治産宣告申立事件は，毎年増加していった。
　その背景には，地価の上昇による遺産分割紛争の増加が存在すると考えられる。このような背景に基づきに，同制度につき，より利用しやすい制度が求められることになったのである。
　他方，高齢者や障害者のノーマライゼーションが求められるようになり，この2つの要求が相俟って今回の成年後見制度が創設されたものである。
　2．そして，私達大阪弁護士会も，平成7年度より，成年後見制度検討委員会を発足した。
　成年後見制度の根幹にかかわる問題についての議論において，同制度は財産管理のみか，または身上監護も含むのかとの問題があった。我々弁護士の業務の大半は財産にかかわることであり，慣れない身上監護の分野にまで関わることにつき不安はあった。
　しかし，平たく言えば，財産の存在だけで，幸福は得られない，皆，等しく年老いていく中で，虐待されず，好きなことができる自由が何よりも重要であることについての意見の一致をみるのは時間がかからなかった。
　私の考えではあるが，我々弁護士は，財産があっても，むしろ，あるがゆえに不幸になる高齢者に日常的に接していることから，人は財産の維持だけでは幸福は得られないとの結論が導き出されたものと考えられ

るのである。すなわち，老親に資産があり，あるがために，子供らの間に紛争を生じ，その中で，肝心の本人である老人が取り残される事例，虐待される事例，老人イコール財産という公式で，高齢者の財産を取り込むために，子らが老親を奪い合い，高齢者がたらい回しにされるされる事例，遺産で揉めて親子が絶縁状態になるような事例などが弁護士のところには日常的に事件として持ち込まれているのである。

そのような事例において，我々は，高齢者の資産は，本人が幸福に，その望む暮しをするために利用するのがあるべき姿であると考え，また，一時，第三者が保管することで，財産と関係のないところで，親子が関わりあえたらよいと考えるのである。

また，検討を進めるなかで，障害者においては，その給料や年金を十分活用しきれず，多くが預貯金になっており，時には，そのお金がよくない人々に狙われることになっていることも知るところになり，もちろん，万一に備えての預貯金は必要ではあるが，その一部はもっと有効に活用されないかと考えるようになった。さらに，介護保険など，施設や介護サービスにつき，今までは行政が行っていたことを，個人が契約で行うこととなり，この場合は，資産の多寡に関わらず，誰かの支援が必要な場面が発生する事態となったのである。

このように，身上監護部分の支援が，より重要なことになるとの認識を日々深め，成年後見制度を通じて，我々弁護士や裁判所関係者等，司法が個人の日常の幸せに関与できることを夢見て，成年後見制度の立法提言を行ったのであった。

3．その後，法律が制定され，その内容を見たときは，我々は，その人の個々の事情に応じて，ドイツのように裁判官が本人の生活場所まで出向き，オーダーメードに決めていく一元説を提言していたにもかかわらず，法律は3つの類型に当てはめる形式になっていたことに，少なからず失望を覚えた。

さらに，身上監護については，民法858条で配慮義務が定められたのみであることについても，新生の成年後見制度が，財産管理を主とするものであるのか，身上監護を中心に据えるものであるのか曖昧なものとなり，その点においても不満は残った。

3 成年後見制度

しかし，我々は実務家であり，今後の実務の運用において，たとえば，本制度の申立てを，身上監護を中心とする者につき多く利用したり，補助については，代理権・同意権を個々に付与できるので，同制度を活用することによって，本人のより実情にあった支援を行うことができたり，また，我々が後見人等になったとき，財産管理に留まらず，むしろ身上監護を重視した職務を行ったり，本人の実情にあった後見を行ったりなどすることにより，当初，我々が立法段階で，意図したことは，十分達成できるものであると考えたのであった。

4 介護保険制度と支援費支給制度

[小嶋珠実]

1 成年後見制度と福祉制度との関係

　成年後見制度は，判断能力の不十分な者を対象としている。この「判断能力」という概念は，「意思能力」と並んで，本来は法律用語であり，「判断能力の不十分な者」は福祉法では用いられてこなかった表現である。例えば，知的障害者福祉法で取り上げられる能力は「知的能力」「日常生活能力」「社会生活能力」である。ただし，後に述べる「地域福祉権利擁護事業」（福祉サービス利用援助事業）[1]を検討する際，福祉関係者に加え，司法関係者の参加を得たことで，「判断能力」という表現を使って，この事業の対象が説明された。一般には「判断能力が不十分な者」として，痴呆性高齢者，知的障害者，精神障害者があげられているが，実は，福祉法の対象と成年後見制度の対象とは異なり，この点を理解することは，両制度を適切に利用するためには重要である。

　まず，福祉法の対象は痴呆性高齢者，知的障害者，精神障害者，身体障害者等で，当事者の意思能力の程度とは関係はなく「障害＝生活のしにくさによる援護や支援の必要度」を基準に対象の範囲が決定される。そして，従来の福祉は，要援護者の意思や自己決定の尊重よりも職権による保護を優先した措置制度を中心としており，パタナリズム（保護主義）の緩和をねらった成年後見制度とは目的が異なる。ただし，介護保険や2003年に予定されている障害者福祉での支援費制度により，福祉法が私的契約を中心とする民法の考え方に近づき，契約を締結するための

意思能力も問われることになる。

　一方，成年後見制度についても，身上や福祉に対する配慮義務が規定されたことで，福祉的な考え方が取り入れられる余地ができた。ただし，成年後見制度の対象か否かは，判断能力あるいは意思能力の程度から決定されており，福祉法の対象者を決定する時の視点とは根本的に異なる。少なくとも，福祉現場で考えられる「要支援」だけでは成年後見制度の対象とならないわけである。身体障害者が成年後見制度の対象から除外されたのも，当事者団体の社会的スティグマに対する抵抗感がもちろん影響しているが，意思能力の有無という点で対象とは考えられなかった。この点で福祉法における生活支援の視点と成年後見制度における福祉的配慮の視点が，仮に同様のことが述べられたとしても，制度の主旨の違いから根本的な差異が生じていることに注意が必要である。この差異を理解することが，両制度の効率的な併用につながり制度を利用する人の権利擁護を図ることになる。

　制度の目的は違うものの，成年後見制度と各福祉法の対象は重複し，それぞれの制度が補完することは意味がある。そのため，これらの制度は車の両輪にたとえられる[2]。しかし，車の両輪として機能していくためには歯車がかみ合う必要があり，そのためには，福祉制度と成年後見制度との関係を理解することが重要である。

2　成年後見制度と介護保険

　介護保険は，2000年4月より開始され，高齢者福祉において従来の措置制度から契約利用方式へと福祉サービスの提供形態を変化させた。福祉領域に「契約」という概念が登場したことは，福祉制度が民法の領域に足を踏み入れたことを示している。ただし，介護サービスを受ける高齢者やその家族の多くは，従来の福祉サービスを受ける感覚から抜けきれず，民法の私的契約に馴染むにはまだ十分に時間が経過したとはいえない。実際，要援護者に契約能力が十分でない場合，家族による代理契約や，家族を契約当事者として福祉サービスを提供する型の契約が行わ

れる。しかし，前者は家族に代理権がないこと，後者は契約の中にサービスを受ける当事者の意思がどこまで反映されるか明確でないといった点が問題となる。

　介護サービスが提供されるにあたって，サービス提供者と受給者あるいは受給者の法定代理人との間に契約という法律行為がなされることが本来あるべき姿である。しかし，制度がスタートしたばかりの過渡期ということもあり，提供されるサービスの量が減少し生活が脅かされることのないように，法律行為が曖昧にされるこの事態が当面続くのかもしれない。

　緊急避難ともいえる現場主義が容認された根拠として，青木[3]は，2000年3月29日に厚生省が都道府県介護保険担当課あてに通知した「介護保険最新情報VOL55」をあげている。その中で，「特別養護老人ホームにすでに入所している方（旧措置入所者）について，判断能力に欠ける者であっても，4月1日から当然に措置から契約に移行し，措置解除の手続きも要せず，改めて契約を締結する必要もない，重要事項説明書の説明も同意も必要ではない」という見解が示されている。この見解，そしてこの見解に全国の多数の施設がのってしまったことに対して，青木は，「これは，契約というものが両当事者の意思の合致であるという大原則を全く無視したものである。一辺の通知で済ませてしまうことは論外である」と厳しく批判している。私的契約という視点からこの指摘は当然であるが，この他にも「契約」という視点で検討されるべき課題が指摘されている[4]。

　ただし，このような批判に対する一つの回答として，2001年より厚生労働省主管の「成年後見制度利用支援事業」が開始されたことは評価できる。この事業は，国庫補助のある市町村事業で，その趣旨は，「介護保険によるサービスを利用して，最後まで自らが人生の主人公として生活できることを保障するために，『身寄りがない』『後見にかかる費用が自費では出せない』方々に対しても，成年後見制度の利用を支援する」ものである。確かに，単身生活であるがゆえに，成年後見制度そのものを知らなかったり，制度利用に結びつくまでの諸手続きを自らが行えなかったり，また，身寄りが無く四親等の親族による申立てが行われなか

った場合に，市町村長による後見申し立てをするための補助事業が開始されることは，介護保険においてより安全な利用契約を成立させるために意義がある。後見費用を公費でまかなったり，手続きを公的機関で支援することは，介護保険において契約を重視していこうとする姿勢を示している。

一方で，最高裁判所による成年後見制度に関する実態調査によれば，後見申立ての理由の中で「介護保険契約」はわずかである。これは，成年後見制度が旧制度の流れから財産管理制度であると一般に理解されたことや，契約関係を明確にしないまま介護保険を見切り発車させたことも影響している。さらに，本当に支援が必要な契約弱者に直接関わる技術が十分に熟していなかったことも大いに関係していると思われる。

[事　例][(5)]　Aさんは痴呆性高齢者で特別養護老人ホームで生活している。要介護度3で生活能力は一定維持されているが，金銭管理は十分にできず，物忘れも激しい。体力の衰えが顕著で長時間の歩行は困難だが，日常生活には大きな支障がない。ただし，子供たちは他県に住み，一人暮らしが続いていたこともあり夜間の緊急時の対応に不安があるなどの理由で，数年前に施設に入居した。介護保険が開始される以前から入居しており，日々の生活では自らが何かの契約をしなければならないような場面はなかった。介護保険施行後のある時，施設を経営する社会福祉法人がグループホームを立ち上げることになり，Aさんにも希望の有無が確認された。たまたま，Aさんが以前住んでいた地域にグループホームが設けられるということで，Aさんは入居を希望した。グループホームで生活することになると，様々な契約や金銭の支出が予測されることから，Aさんに成年後見制度の利用が検討された。

介護保険の開始以後に新たに介護福祉サービスを受ける場合，どの程度厳密に契約が履行されているのか不明である。しかし，契約弱者ともいえる判断能力の低下した高齢者に対して，家族と違う第三者の後見人が福祉的な配慮を図りながら介護サービスをアレンジしていくことは重要である。もっとも，介護保険の場合，福祉サービスのアレンジを専門とする介護支援専門員（ケアマネジャー）が配置されており，後見人は

彼らの業務を被後見人の立場で見守り，時には注文をつけることが主な身上監護事務となるのかもしれない。現在は，この介護支援専門員（ケアマネジャー）が介護サービスを提供する事業者の所属になっている場合があり，利益相反の視点から整理が必要である。上記のAさんの場合は，介護支援専門員（ケアマネジャー）とともにグループホームの世話人との調整も重要な後見人の役割である。

一方，家族とともに自宅で過ごす痴呆性高齢者の場合，家族は当事者の代理権を有してはいないものの，その理由で身上監護を目的に成年後見の申し立てがされることはわずかである。仮に，家族以外の第三者が後見人に選任された場合には，日常の介護を担う家族との調整は慎重に行う必要がある。後見人が被後見人の利益を優先するのは当然であるが，日々の介護を行う家族の立場にも十分配慮することが，被後見人に対する福祉的配慮につながる。もちろん，家族による虐待を監視することは後見人の大きな役割である。しかし，家族介護に対してどこまで後見人がチェックできるかという点も課題である。被後見人の家族に会うことは事実行為と解されるが，被後見人の家族との関係を円滑にするための努力は，法律行為を構成する必然的な事実行為として，家族と共に暮らす痴呆性高齢者の身上監護には不可欠な事務と考えられる。

③　成年後見制度と福祉サービス利用援助事業[6]

権利擁護を目的とした民法における制度が成年後見制度であるならば，福祉法では福祉サービス利用援助事業である。この事業は判断能力が十分でない在宅の痴呆性高齢者や知的障害者等に対して，当事者の契約に基づいて，地域生活が維持できるように福祉サービスの利用支援や日常的な金銭管理の援助などを社会福祉協議会等が行うものである。ここで，契約が可能な判断能力とは何か問題になるが，弁護士や医師，社会福祉士などによる契約締結審査会を設け，個々の事例に応じて契約能力の有無を確認している点は，福祉法の一事業とはいえ，契約行為に対して慎重な態度を示している。ただし，契約締結審査会で検討されるケースは，

利用者の判断能力に疑義がある場合のみで，一次的な判断能力についての評価は生活支援員や生活支援専門員に任されており，福祉関係者が「契約とは何か」「契約能力とは何か」といった民法に関わる認識を十分に持つことが求められている。

一方，社会福祉協議会等による福祉サービス利用援助事業（地域福祉権利擁護事業）では，契約外の支援を現場の生活支援員がどこまで判断して関わっていいのか問題となる。もちろん，法定代理権を持たない生活支援員がパタナリスティックに要支援者の生活すべての面倒をみようとする態度は誤りである。しかし，生活支援員が様々な出来事が起きる可能性の高い家庭を訪問することによりこの事業が成立しており，契約に束縛されるあまり，本来，事務管理あるいは緊急事務管理として行うことができる関わりまでセーブしてしまうならば，生活支援員と要支援者との間での信頼関係が失われる危険がある。例えば，歩行が困難な高齢者宅に宅配便が届けられ，たまたま居合わせた生活支援員が代理受領し押印することは起こりうる行為である。

成年後見制度の費用面での課題を解決する方法の一つとして，安価で利用できる福祉サービス利用援助事業の対象を広げる考えもある。実際，福祉的支援を必要としている多くの人にとっても，費用がかかり，手続きが煩わしい成年後見制度よりも，事実行為も可能な福祉サービス利用援助事業の方が使いやすい制度と受け止められるはずである。しかし，契約能力が不十分な者にまで事業の対象を広げることは，措置制度にも似た事業者側の判断が当事者の判断に勝る可能性が高く，契約という当事者の意思を最も尊重する方法を曖昧にしてはならない。成年後見人等が当事者の意思を推定代理することと生活支援員が推定代行することとの違いを十分に理解する必要がある。

これまで措置により要援護者の生活を包括的に支援してきた福祉関係者が，要援護者との契約を意識せざるをえない福祉サービス利用援助事業の意義は大きい。契約を意識することで，契約能力が不十分な要援護者に対しては成年後見制度へとスムースにつなげることができるからである。これまでの福祉現場でしばしば口にされた「本人のため」という大義名分の下に，実は要援護者の意思を一番尊重していなかったの

が福祉関係者であったということにならないよう，成年後見制度と福祉サービス利用援助事業を車の両輪として利用していくことが重要である。

　成年後見制度と福祉サービス利用援助事業の使い分けとして対象者の違いを指摘することができる。施設入所者には成年後見制度を利用し，在宅生活者には福祉サービス利用援助事業を利用するという考えである。社会福祉協議会等が行う福祉サービス利用援助事業（地域福祉権利擁護事業）は施設入所者を対象としていない。この理由として，施設利用者に福祉サービス利用援助事業を締結できるほどの判断能力を求めるのは困難であるという意見がある。その他に，福祉サービス利用援助事業が施設福祉を支える制度ではなく，在宅福祉や地域福祉を支える制度であるという制度の基本理念や，有料とはいえ安価な費用でサービスが受給できるため，施設入所者にまでサービスを拡大したときに，どこまで事業を支える費用がかさむか予測できない点などが理由として考えられる。しかし，生活支援あるいは権利擁護の視点から施設か在宅かという区別は意味はなく，今後は社会福祉協議会以外の社会福祉法人や民間企業の参入による福祉サービス利用援助事業が開始される可能性がある。ただし，在宅生活者であっても施設生活者であっても，福祉サービス利用援助事業を補完するための成年後見制度の存在は重要である。

　また，福祉サービス利用援助事業を委託された社会福祉協議会が法人後見を担うべき活動を始めている。ホームヘルパーの派遣や生活支援員の派遣を行う社会福祉協議会が後見事務まで行うことは，サービス提供者の立場とそのサービスを監視する立場という相反する立場をもつ点からも，組織や監督機能など慎重に検討される必要があるのは明らかである。ただ確かに，この課題を解決した上で社会福祉協議会が比較的安価で後見人を受任することは，成年後見制度が多額の財産をもつ者だけの制度であるというイメージを払拭する意味では多いに歓迎されるところである。

　［事　例］　ある地方の県庁所在地でみられた事例である。この都市では，比較的早くから高齢者や障害者の権利擁護について検討され，成年後見制度に先立ち，福祉サービス利用援助事業や障害者110番など，

広く権利擁護に関する事業を担う権利擁護センターを設置していた。

　この都市に住むBさんは一人暮らしの軽度の知的障害者である。両親が健在のころから月々3万円の賃貸アパートで生活し，何か困ったことがあったり，職場で気に入らないことがあると福祉事務所のケースワーカーに相談していた。Bさんは毎月1日に銀行に行き，常に持ち歩いている自分名義の通帳と印鑑を使って6万円を引き出し生活費に当てている。家賃はもちろん，電気やガス・水道料金の支払いも，振込用紙を使って自分で行っている。両親が残した貯金が百万円ほど残っている。Bさんは，何かあったら不安ということで，貯金には手をつけようとせず，障害基礎年金のみで生活している。

　いつも，すべての現金と貯金通帳を持ち歩いているBさんを心配した福祉事務所のケースワーカーは権利擁護センターが行う財産管理サービスの契約をすすめた。しかし，Bさんはこの事業を利用するために年額3000円ほどの費用がかかることを嫌い，契約にいたらなかった。

　これまでのところ，金銭面でのトラブルに巻き込まれることなく自立生活をおくっているBさんだが，使わ（え？）ないまま手つかずの貯金を自らの生活に生かすことを支援するため，またより安全な金銭管理の下に一人暮らしが継続できるよう支援するため成年後見制度の利用が検討された。

　福祉事務所のケースワーカは取り敢えず成年後見制度利用支援事業と同様の知的障害者も対象としたサービスがBさんの住む都市では用意されていることから，この事業を利用しようと考えている。そして，後見人が選任された後に，後見人とケースワーカー，Bさんが相互の信頼関係の中で金銭の利用について話し合っていき，場合によっては財産管理サービスを含めた福祉サービス利用援助事業の利用も再度検討してみる予定である。

4 成年後見制度と障害者福祉法との関係

　2000年に「社会福祉の増進のための社会福祉事業法等の一部を改正する法律」が公布された。そして，2003年より障害者に対する福祉サービスの提供形態が，介護保険と同様に「措置から利用へ（支援費制度）」と変更される。福祉サービスを受けるにあたり契約が前提となり，そのための契約当事者である障害者とサービス事業者との対等性が維持されるための検討がされた。そして，サービス事業者の情報公開や利用者の苦情解決のシステムが提案された。また，成年後見制度の利用をすすめることで利用者の権利擁護を図ることもすすめられている。
　知的障害者福祉においては「親亡き後」のことがしばしば話題になる。親であることで，成人に達した知的障害をもつ我が子の法定代理権が生じるわけではない。しかし，これまで，それを十分承知した上で，親も福祉行政も「我が子のことは親が一番理解している」という仮定の下に，子の代理を親が演じてきた。実際，2001年3月に，この段階での支援費制度の考え方を厚生労働省社会援護局がまとめた「支援費制度Ｑ＆Ａ」の中では，代理契約について触れられている。そこでは市町村長申し立てなどによる成年後見制度の利用を促進する考えとともに，「利用者本人の意思を代弁する家族が支援したり，福祉サービス利用援助事業による支援を受けることが考えられる。また，家族等が代理人として契約を結ぶことも考えられる」と述べられている。この考えは介護保険にも通じるものであり，また，これまでの家族の役割を引き継ぐものである。
　このような家族による代理について，知的障害者当事者と家族の会ともいえる「全日本手をつなぐ育成会」が支援費制度に対する要望書の中で触れている。そこでは，家族の代理等に対して，本人への権利侵害が起こらないよう，成年後見制度を利用する等厳格な配慮が求められている[7]。この発言は，法定代理権を持たない家族が本人に代わって法律行為を行わざる得なかった社会システムの不十分さを指摘するとともに，制度改正にあたり，代理権授受など法的な裏付けのある支援が受けられ

ることを要求している。支援費制度は契約当事者の対等性を目指したものであるが，この育成会による要求は，障害者本人と家族との対等性を自らが求めた点で大変意義深く，この声は十分配慮されなければならない。

「支援費制度」が開始されてからも，円滑なサービス提供が行われなければなないのは当然である。そのために必要な支援を家族に依存するのか，成年後見制度を利用するなどして社会が担っていくのか十分に議論される必要がある。少なくとも，これまでは，福祉サービスを利用し生活を維持することが，要支援者の意思の尊重や契約の有効性など権利擁護よりも優先されてきたといえる。真の意味での要援護者の権利擁護が図られるためには成年後見制度と支援費制度が両立する必要がある。

［事 例］　Cさんは，軽度の知的障害者で就労しながら年老いた母親と二人で暮らしている。母親が高齢により床に伏せることが増えてからは，母親の世話や家事にかかりきりになり，退職した。母親は病身であったが，意思能力は低下しておらず，母親の指示の下，何とか日々の生活をおくることができていた。福祉の世話になりたくないという母親の希望で，特別な福祉サービスを受けることはなかった。数年間このような生活が続いた後に母親が亡くなり，民生委員の報告で初めてCさん宅に福祉事務所のケースワーカーが訪れた。母親が亡くなってからは部屋の中はゴミがちらかっており，人が住めるような状況にはなかった。食事だけは，弁当を買うなどして何とか確保されていた。間もなく，療育手帳が交付され緊急措置で市内の知的障害者施設で生活することになった。Cさんは，母親が亡くなったこと，住んでいたアパートが取り壊されることを理解していたが，施設での集団生活にはなじめず何とかアパートを借りて自活したいという希望を示すようになった。実際，簡単な支援があれば一人で生活できる程度の社会生活能力を有しており，施設での生活はそれまで就労経験のあるCさんにとって退屈であろうことは十分に推察できた。

福祉事務所のケースワーカーは施設職員と相談し何とか地域生活を実現するため，近々支給されるであろう障害基礎年金の管理やホームヘル

パーの利用契約，Cさんが再就職した時に労働条件等の交渉を行うため，成年後見制度の申し立てを行うこととした。

Cさんには他県に住む従兄弟がおり，ほとんど音信不通であったが福祉事務所のケースワーカーが従兄弟に連絡をとった。従兄弟は成年後見制度の利用には異論が無かったが，そのための手続き等の煩わしさを拒否した。幸い，Cさんの住む自治体では高齢者のみでなく障害者も対象として成年後見制度の申し立てに要する費用や後見人の費用を公費で支援する制度を開始したこともあり，その制度を利用することとなった。

一人暮らしとなったCさんが，地域生活を維持していく上で成年後見制度の利用は不可欠であった。Cさんは一定判断能力が維持されていることから，日常生活に関することは福祉サービス利用援助事業の利用が可能である。しかし，雇用主との交渉や夕食のための配食サービスの契約など，Cさんの生活について判断が必要な側面について後見人の出番は多いと思われる。幸い，成年後見制度利用支援事業[8]と同様の自治体独自の制度を利用でき，市長による後見の申し立てが可能であったが，従兄弟がいるのに公費で申し立てをすすめたことについて福祉事務所で賛否があった。あくまでも，ケースワーカーが従兄弟を説得するべきだったとの意見もあった。Cさんの場合，本人による申し立ても考えられたが，Cさんに福祉事務所のケースワーカーが制度を詳しく説明するにはケースワーカー自身の制度理解が十分でなく，また，判断能力が失われていないとはいえ，制度を理解し自らが手続きをすすめていくには，Cさんには負担が大きすぎた。家庭裁判所に申し立てるまでの手続きを支援するシステムや専門機関が整備されることで，親族による申し立てはもちろん，本人による申し立てをよりスムースに不安なくすすめることが可能となる。

⑴　この事業は，国庫補助事業として，主に社会福祉協議会が成年後見制度の開始以前の1999年10月より実施している。現在は，社会福祉協議会が行う福祉サービス利用援助事業とそれに関する普及啓発事業が地域福祉権利擁護事業と呼ばれている。
⑵　池田恵利子はその著書（「成年後見人の職務と倫理」日本社会福祉士会1998等）の中で，しばしば「成年後見制度」「介護保険」「利用者支援としての権

利擁護」「住宅・雇用・教育・環境等における支援」「他の医療・保健・福祉サービス」などを４WDの車の車輪に例え，これらをつなげる機能が「ソーシャルワーク」と述べている。
(3) 青木佳史　2000　成年後見制度の課題と問題点　総合社会福祉研究　17号 59－69頁。
(4) 新井誠（「介護保険契約と成年後見」自由と正義　51巻6号）は，家族等の利用者に近しい者を契約当事者とすること（三者間契約型）によって本人の判断能力の不備をカバーしようとする介護保険におけるモデル契約書をあげ，それよりも公的な代理権を持つ成年後見人を選任する方が望ましいと述べている。
(5) 事例はすべて複数の実例を参考にして創作したものである。
(6) 地域福祉権利擁護事業は1999年厚生省社会援護局長の通知「地域福祉権利擁護事業の実施について」により実施されたが，2000年6月に施行された社会福祉法により，福祉サービス利用援助事業，運営適正化委員会等について法律上明記され，前通知「地域福祉権利擁護事業の実施について」は廃止された。そのため，現在は通常「福祉サービス利用援助事業」として実施されている。
(7) このような要望に配慮したのか，支援員制度について触れた2001年8月の「支援費制度担当課長会議資料」では「成年後見制度の十分な活用，普及が図られるまでの間は，利用者本人の意思を踏まえることを前提に本人が信頼する者が本人に代わって契約を行うことも，サービスの円滑な利用を確保するためにやむを得ない場合があるものと考えている」と述べられている（厚生労働省HPより）。
(8) 知的障害者等も成年後見制度利用支援事業の対象にすることが検討されている。

5 大阪弁護士会の取組み

［中井洋恵］

(1) 高齢者・障害者総合支援センターの設立

　私達大阪弁護士会は，成年後見制度の立法提言を行ったあと，制度の運用の受け皿になるべく高齢者・障害者総合支援センター（通称ひまわり）を平成10年5月に開設し（なお，同様の制度が各地の弁護士会で設立されている），その中では，成年後見制度の先取りをする財産管理にとどまらず，高齢者・障害者の問題としては避けて通れない「介護福祉」，精神障害者の人権を擁護する「精神保健」の問題に取り組むことになった。

(2) 成年後見制度を先取りする財産管理制度

　このうち，財産管理は，財産管理に関する委任契約を締結するものである。そして，事故を回避するのに監督をするためや，弁護士として慣れない業務ゆえ，担当弁護士がアドバイスを求めやすくするために，2，3名の同センター運営委員会委員を，ケース担当委員として配属し，当初の契約に立ち会うとともに，その後の報告書の受領や，重要な事項についての承認を行うシステムとしている。

(3) 財産管理支援に関する危惧

　成年後見制度立法提言段階で我々が思い描いた同制度への弁護士の関わりは，ホームドクターならぬホームロイヤーであり，意思能力が減退するにしたがってその個人の生活に我々が関わり，アドバイスや契約の代理やその履行の監視などを行い，個人の生活においても身近かな存在になるものである。

　しかし，この想定に我々は大きな危惧をもった。すなわち，1つは，

我々弁護士が取り扱う事務は通常は事件性（紛争）のあるものであるが，この財産管理は事件性のないものであり，かつ，依頼者は日常，我々弁護士と接触のない人たちであるので，家族関係の強いわが国でわざわざ弁護士の所へアクセスして財産管理を依頼する場面が想定できなかったのであった。

さらに，我々は法律の実務家であるので，介護・社会福祉に対する知識があまりにも乏しいとの壁にぶちあたった。

この問題につき，弁護士は法律家であるので，財産管理のみに限定して関与するとの発想もありうる。しかし，前述したように，金銭の管理のみで，人は幸せになれないことを我々弁護士は日常業務の中で身に染みて分かっているし，高齢者や障害者の問題については，介護や福祉の問題は切り離せない，避けて通れない問題であった。

(4) 福祉との連携

このような福祉の問題が避けて通れないので，大阪弁護士会の高齢者・障害者総合支援センターは，行政や社会福祉士会などとパイプを持つことに努めた。

具体的には，行政については，大阪府の権利擁護機関（大阪後見支援センター，通称「あいあいねっと」）の立ち上げから関わり，創設後は，同機関の相談員や監督機関の委員等として関与し，関係を密にしている。また，社会福祉協議会の顧問弁護士を大阪弁護士会から派遣し，同会が有する法的問題につき，アドバイスを行ったりもしている。さらに，社会福祉士会とは，相互のケース検討会に人を派遣し合ったり，あいあいねっとにおいて法律専門相談，生活専門相談と一緒に相談を行うことによって，親睦を深めていった。また，介護保険導入時には，各市町村に同制度に関わる苦情相談について，弁護士を派遣する申し出をするため，各市町村をまわったり，介護保険に関する電話相談を行ったりして，弁護士も福祉分野に関わっていく意欲を示した。

(5) ニーズの顕在化

このような関わりの中で，我々弁護士も徐々に，介護・福祉について

知識を深め，同分野についても多少，自信を持つようになるとともに，行政・福祉の分野でも，法律知識の必要が切なるものであることが分かってきた。たとえば，保健婦さんが訪問している先の高齢者が財産の管理に不安を感じるので支援してほしい等といった依頼が福祉関係者や行政から舞い込むようになるとともに，判断能力に問題があるにもかかわらず（問題があるから尚更であるが）借金をしてしまうのでどうしたらよいかなどの法律相談等や，身寄りのない人が亡くなった場合，相続人はどこまでかなどのごく初歩的な法律相談までなされるようになり，行政や福祉関係者が身近な法律家の存在をいかに必要としていたかということが分かるようになった。

ちなみに，大阪後見支援センターが平成11年に発行した「生活を支える権利擁護」に相談事例が多数紹介されているが，その多くが，財産争い，悪徳商法による財産侵害，借金の問題である。高齢者や障害者が日々生活する上での身上監護はもちろん重要であるが，その一方で，それらの者を紛争から守る法律相談に対する必要性も高いことがここで紹介された事例でも明らかとなっており，法律と福祉の分野の連携の必要性がわかる。

前述した成年後見制度の立法提言に関する検討の時期には，高齢者や障害者の財産を他人に任せることがありうるのか，制度ができても利用がないのではないかとの危惧感が多少ならずともあった。

しかし，我々の想像するよりも身寄りの無い老人や，親亡きあとが心配される障害者は多く存在し，その多くは福祉関係者と接触を持っているので，そのニーズは，福祉関係者（病院関係者を含む。）を通じてして，顕在化したのであった。

このように大阪弁護士会が福祉関係者との関わり大事にした関係で，財産管理契約を締結して，弁護士が支援するケースとして持ち込まれる件数は，平成10年5月から平成13年2月末の約3年足らずの間で80件を超え，当初，危惧された開店休業状態は全くの杞憂となった。

(6) 財産管理支援の成果

財産管理に持ち込まれるケースは様々であるが，身寄りのないケース

5 大阪弁護士会の取組み

が多い。今まで親族や知人が財産管理を行っていたが，やはり管理者は他人の財産を管理することに抵抗を感じており，また，本人や他の親族が現状に不安を覚えて，上記財産管理制度を知ったのを機会に持ちこまれるケースも多く見られる。そして，その中には，従前，財産を管理していた親族等の使い込みのケースも散見される。

これらの財産管理が行われることにより，この場合は本人の意思能力が高い場合も多く，本人の意思を反映し，閉鎖病棟よりケアハウスに転居したり，在宅になったケースも見られ，また，財産の使い込みを行っている者より年金手帳等が取り戻され，以降，本人のサービス享受のために費消されるようになったケースもあるなど，本人のための制度として一定の成果をあげている。

(7) 成年後見人等への大阪弁護士会の推薦

さらに，成年後見制度施行に備えて，大阪弁護士会では会内で研修を行い，同研修を履修した者を後見人候補者の名簿に載せることとした。

そして，同制度施行前までは，年に1件程度後見人の推薦依頼が家庭裁判所よりあれば良い方であったにもかかわらず，施行後は，多数の案件（年3，40件）が，大阪家庭裁判所（本庁，堺支部，岸和田支部）から，大阪弁護士会に対する推薦依頼を，継続的に受けることになり，広く多数の弁護士が成年後見等の事務を自ら体験することになったのである。

6 福祉現場における実践例

［小嶋珠実］

1 福祉現場における身上監護論

　身上監護については，これまでに多くの場で議論されている。代表的なものとしては，1996年に日本弁護士連合会が発表した成年後見法大綱[1]や，それに対する日本社会福祉士会の意見書[2]，1997年の成年後見問題研究会による「成年後見問題研究会報告書」[3]，そして，1998年の法務省民事局参事官室による「成年後見制度の改正に関する要綱試案」があげられる。
　これらの議論は，主に司法関係者や法律学者によって行われており，その結果，身上監護には事実行為が含まれないという見解でほぼ一致していると思われる[4]。そして，法律行為に付随する事実行為をどこまで認めるか，財産管理権の行使に還元されない身上監護事務とは何か，など現実的な運用面での議論へと移行しつつある。
　一方，身上監護が被後見人の生活全般に関連する事柄でありながら，生活の支援を業務とする福祉関係者による検討は十分とはいえない。福祉関係者の身上監護に対する期待は大きいが，その中身について触れた発言は決して多くない。特に，「監護」という言葉をどのように理解するのか福祉関係者の悩みであった。すでにノーマライゼーションの考え方は福祉現場では一般的である。被後見人を監督・保護するのではなく，彼らの自己決定を尊重し，エンパワメントを図ることを主眼に援助を行ってきた福祉関係者にとって「監護」という言葉に違和感があったこと

は十分に予測できる。その点で,先に述べた,日本社会福祉士会による意見書には「身上監護」に代わって「生活支援」や「自立生活支援」という言葉が提案されている。また,福祉関係者が成年後見制度を論じるときには,難解な「身上監護」という語を「身上ケア」と言い換えることがあった。身上監護を生活支援や身上ケアと解釈することは,福祉関係者にとって成年後見制度をより身近なものにし,この制度を積極的に利用する方向で活動を開始させたことで意味はあった。ただし,「生活支援」,あるいは「介護」としばしば訳されることのある「ケア」という概念を持ち出したことで,法律関係者に,福祉現場では身上監護に介護など事実行為まで期待しているのではないかという思いを抱かせた可能性がある。しかし,福祉関係者の間でも,身上監護事務に関係した法律行為と事実行為を区分する土壌は存在していた。

　介護保険で取り入れられた「ケアマネジメント」の概念は,まさしく,事実行為と法律行為を区別し,「決定・手配・監督」の重要性を示すものであった。介護保険制度において,具体的な介護を行うヘルパーやケアワーカーと区別して,福祉サービスをアレンジしていくのが介護支援専門員(ケアマネジャー)である。当事者の意思を尊重し,ニードを測りケアプランを作成し,介護サービス事業者につなげていく介護支援専門員(ケアマネジャー)の役割は成年後見人の身上監護事務に類似するものである。その点で,事実行為を明確に除いた「決定・手配・監督」という身上監護事務については,福祉関係者にも十分に理解できるものであった。

② 日本社会福祉士会による取組み

　難解な身上監護の解釈に苦しみながら,日本社会福祉士会は,早い段階から成年後見制度に取り組んできた。身上監護事務などは存在しないという意見がある[5]一方で,福祉関係者が成年後見制度,特に身上監護義務あるいは身上監護事務をどのように理解し,後見人としての実務をこなしていくか検討することの重要性を意識した上での取組みであった。

第3部　注目すべき実践例

　日本社会福祉士会では，1996年に，「成年後見制度研究委員会」を設置し，「成年後見制度に関する要綱試案」に対する意見表明，ドイツへの視察，各種シンポジウムなどを行い，福祉関係者が成年後見制度に関与することの重要性を訴えてきた。そして，その結果として1999年に「成年後見センターぱあとなあ」を設立した。

　「ぱあとなあ」では，福祉現場に精通した成年後見人の供給と，一方で福祉関係者の法律的知識の不十分さを補うため，スクーリングを含め1年という長期のカリキュラムをもつ「成年後見人養成研修」を実施している。この研修では，民法を中心とした法律知識，成年後見制度の対象となる高齢者や障害者に関する医学のほか，福祉領域で最も重要な権利擁護の理念と実践など，後見人として活動していくための基本的な考えや知識が獲得されるようカリキュラムが作成されている。そして，これまでに全国で数百名の後見人候補者を養成し，求めに応じて，家庭裁判所などに後見人候補者名簿を提出している。

　このように，日本社会福祉士会は，福祉の職能団体として成年後見制度に関係する活動をし，今後は会員の中で後見人に就任する者も増えていくと思われる。そして，身上監護事務の事例が積み重なっていくことで，成年後見制度における，福祉従事者やソーシャルワーカーの役割も形作られていくと思われる。福祉関係者が身上監護事務を担っていく上で，検討し理解しなければならない項目について，以下に触れる。

３　福祉の視点からとらえた財産管理

　財産管理とは財産を保全するだけでも，運用し増やしていくだけのものでもない。仮に「財産管理を行う上で身上に配慮する」という財産管理をするためのみに身上監護を義務づけた，いわば身上監護慎重論を採用したとしても，後見人には被後見人の生活状況に応じて積極的な財産の利用を検討することが求められる。

　これまで福祉現場で必要とされた財産管理といえば，不動産の管理や多額の金銭の管理といった一般的にイメージされる財産の管理というよ

りも，主に生活必需品を購入するための手配や年金の引き出し等の生活費の管理が考えられてきた。多額の財産管理は弁護士や司法書士が行い，福祉現場では，要援護者の資産を本人のために積極的に消費するよりも保全に重きを置いていた。

　年金や生活費の管理のため，福祉施設には何らかのルールが用意されている場合がある。しかし，そのルールに従っていたとしても，施設職員にも施設入所者にも，「老後の蓄えのため」「何かあった時，例えば病気になった時のために」などの理由で，積極的に資産を利用することを，たとえ生活を豊かにするための少額の支出であったとしても，躊躇することがみられた。その結果，措置制度による施設入所者の年金は利用されることなく蓄えられ，数百万円の預貯金を形成することがあった。

　［事　例］[6]　　重度知的障害者のAさんは，28歳の時より10年間入所更生施設で生活している。収入は障害基礎年金のみでその額は年間80万円ほどある。支出は施設利用の一部負担金と小遣いなどを合わせ年間50万円ほどで，差し引き30万円ほどが蓄えられていき，現在は300万円ほどになっている。本人名義の通帳と印鑑は，施設を運営する社会福祉法人が，「預かり金管理要綱」に基づき管理している。そして，何とかAさんの貯金を，Aさんのために有効に使おうと考えた施設は，これまでの生活ぶりから推測し，スポーツ新聞の契約とAさんがテレビでよく見るアニメの原作が掲載されている週刊誌の購入を開始した。Aさんは毎日自室に届けられるスポーツ紙を朝食後2時間以上もかけて眺めているが，雑誌には見向きもしない。

　このような年金の管理や生活用品の購入は，施設は事務管理として行い，代理権を持たないことに法的な問題はないと思われる。しかし，結果として雑誌の購入はAさんの意思を反映しておらず，雑誌は生活必需品ではないということで，雑誌の購入は事務管理としては解釈できず，本来であれば購入にあたっては代理権をもつ後見人の判断を求めるべきであるという考えも成立する。現実的な問題として，雑誌は少額であり，Aさんに大きな損失を与えておらず，Aさんは雑誌を好まないという新たな情報を施設職員が得たことで，Aさんの余暇活動の充実に向けて有

意義な消費活動であったと評価されるとも考えられる。

　では，Aさんが自分の居室で見たい番組を見るために，3万円の小型テレビを購入する時には後見人はどう判断するのか。また，CMに触発され，20万円の大型テレビを購入したいとAさんが意思を明らかにした時には後見人はどう対応するのだろうか。「共同のテレビがあるのにもったいない」「取り敢えず，3万円のテレビを買って様子をみよう」と頭ごなしにAさんを説得しようとすることは，後見人の価値観を押しつけることに他ならない。少なくとも，3万円のテレビでも，20万円のテレビでも，Aさんの意思と客観的な必要性を鑑みて購入を検討してみることが，身上に配慮した活用型の財産管理といえよう。

④ 「日常生活（日常の生活に必要な範囲）」における身上監護

　民法第9条では，成年被後見人の日用品の購入や日常生活に関する法律行為は取り消しや同意の対象から除外されている。旧法で禁治産宣言によりすべての法律行為が制限されたことへの反省や自己決定の尊重を実現するために，当事者の意思により行われた日常生活に関する行為は同意権や取り消し権の対象となっていない。そして一般に，「日用品の購入」や「日常生活に関する行為」の内容については，食料品・衣料品等の購入，電気・ガス代・水道料金の支払い，それらの経費に必要な預貯金の引き出し，その他の少額の取り引きと考えられている[7]。しかし，ここで取り上げられた日常生活については，個々の事例に照らし合わせてその範囲を検討することは意味がある。

　地域で「普通」の生活を経験してきた高齢者の中には，痴呆により判断能力が低下したとしても，近所のスーパーで夕食の食材を買ったり，玄関に飾るために花を買ったり，時にはなじみの店で外食するなど，一旦習慣となった日常生活能力を維持している人がいる。この高齢者に後見人が選任されたとしても，友人と出かけ，映画を見て，デパートで食事をして帰ってくることは，仮にそのことで数万円の出費があったとしても，後見人により行動が制限されないことが，生活の質を維持するこ

とにつながる。

　一方，施設に入所していた知的障害者が地域のグループホームを利用した時，それまでの施設生活が日常の「普通」の生活である。そのため，グループホームでのすべての生活は当面非日常的となる。例えば，施設にいる時，自分で買っていたのは缶ジュース程度で，使ったことのあるお札は千円のみであった場合，千円を超えた買い物は非日常的となる。グループホームの世話人から毎週五千円の小遣いを決められた曜日に渡され，缶ジュースを何本か購入し小遣いを使い切る行為を，日常的な食料品の購入であり自己決定の結果だからといって，後見事務の範囲外として，全く関与しないことには疑問が残る。後見人として小遣いの渡し方を再考するとか，購入する品の幅が広がるような施設職員の関わりを求めることができるはずである。

　また，毎日，違った銘柄のシャンプーを買い中身は全部捨てて窓際に空ビンを並べることを楽しみにしている自閉性障害者がいる。家族は，このことが本人の唯一の楽しみであること，毎日一人で店に行くことが数少ない社会参加の機会であると評価し，この行為を問題にしていない。この人が独り暮らしになった時，もったいないからといってこの習慣をやめさせたいと日々の生活を支えるホームヘルパーが考えるかもしれない。家族が認めていたからと黙認していた障害者施設の職員は，もっと別の楽しみがあるからと指導しようとするかもしれない。シャンプーは日用品であり，金額的にも毎日買うとしても月１万円程度の費用で済み，後見人が配慮すべき内容でないといえる。しかし，ことは何十年もの間に形成された生活習慣の問題であり，唯一の余暇活動の問題でもあり，身上監護の視点から，この行為が今後も続けられるよう後見人が関係者と交渉することが，被後見人の権利擁護を図ることになる。支援がパッケージとして用意されている施設入所者と違って在宅生活者に対しては些細な事柄から重大な事柄まで日々の生活の中で配慮すべきことは多数ある。すべてが後見人の肩にかかるわけではないが，被後見人の代弁者として，信義則や公序良俗に反しない限り愚行権の行使を支援することは重要な身上監護義務の一つである。

　個人にとって日常生活や生活必需品が指すものは同一でない。いわゆ

る「普通」の生活を前提に「日常生活」や「生活必需品」を推定するのは不十分である。特に，判断能力が低下し，意思の伝達が十分にできない被後見人に対して，何とか意思を探ろうと面接技術を駆使したり，「普通」の生活からではなく，それまでの生活から被後見人の意思を推察しようと配慮することこそが身上監護の根幹をなすものである。

5　成年後見制度で問われる福祉的配慮

　福祉現場において福祉的配慮はあえて口に出して明らかにする必要のないごく当たり前の義務である。しかし，多くの場合，福祉的配慮には事実行為が連続し，事実行為と法律行為を区別する成年後見制度では，被後見人の福祉や被後見人の福祉への配慮が，具体的に何をさすか，どこまでの行為をさすのか検討することは重要なことである。仮に，後見人に求められる福祉的配慮が，福祉の専門家に被後見人の身上を任せるか否かの判断をするのみであるならば，具体的にどんな福祉サービスを提供するのかを決定し，手配しや監督することは，ケアマネジャーやソーシャルワーカーなどの福祉専門職の役割となる。そして，後見人は被後見人の身上監護を福祉専門職に委任，あるいはケアマネジメントの契約を結ぶだけで事足りることになる。
　しかし，実際の福祉サービスの手配がケアマネジャーによることを前提としても，被後見人の状況に応じてどのような福祉的配慮が要するのか後見人の判断が求められる。例えば，民生委員に協力を求めればよいのか，福祉事務所に連絡し公的な援助を求める必要があるのか，在宅介護支援センターの介護支援専門員に相談するのかなど，福祉に関する知識も後見人には求められる。

　［事　例］　Bさんは，軽度の知的障害者で，母親が亡くなった40歳の時から入所施設を利用している。それまで住んでいた家には，老父と兄家族が住んでいる。Bさんは，正月と盆の1週間程度の帰宅を楽しみとしており，施設が管理している貯金から，たくさんの土産を買って帰

宅している。ある時，施設長のところにBさんの兄が訪れた。年老いた父親をどうしても念願の北海道旅行に連れていきたいが，費用の工面がつかずBさんの貯金の中から100万円ほど用立ててもらえないかという依頼があった。Bさんも一緒に連れて行ってもいいというが，Bさんはお金を出してもいいが，飛行機に乗ることを拒否している。費用が工面できるまで待っていると父親の病状が変化するかもしれないということで，今しか出かけるチャンスはなく，費用を全面的にBさんに頼りたいということであった。Bさんの貯金は，父親がBさんの年金を貯めてきたもので，父親のためにBさんがお金を出すのは当然といった兄の口調である。

　施設長は事務管理あるいは軽度の知的障害者であるBさんの委任により通帳を管理していると考えられ，兄にお金を渡す権限はない。また，100万円という金額の理解をBさんができているとは考えにくく，Bさんが了解しているからといって費用を渡すことにも躊躇される。

　Bさんの後見人はどのように対応しただろうか。Bさんの愛する父親に還元される費用であるからといって，Bさん一人が費用を負担する必要性はもちろんなく，兄にお金を渡すべきでないという考えがBさんの身上監護義務をもつ後見人としては一般的な考えであろう。ただし，ここでBさんと兄との関係を悪化させることでBさんの楽しみである年2回の帰宅を困難にする危険があることにも配慮する必要がある。

　そこで，費用は兄とBさんが折半して負担することとし，兄の負担分に対しては，BさんがBさんに貸すこととした。そして，兄が毎月1万円ずつBさんに返却していくことを，後見人が確認した。

　この事例ではBさんの財産を保全するという立場を貫くのであれば，兄の申し出を後見人は拒否するべきであったかもしれない。しかし，解決策は，Bさんの財産を保全するというよりもBさんの福祉への配慮に重きをおいた結果となっている。

　［事　例］　　痴呆状態で要介護度3のCさんは夫と二人暮らしであったが，夫が急死し身寄りもなかったため，福祉事務所のケースワーカーの支援を受け，緊急に特別養護老人ホームに入居した。不動産を含め多

額の財産があり，その管理と身上監護を目的に市長の申し立てにより成年後見人が選任された。

　後見人は，月に2回施設を訪問し，1時間ほどかけCさんの話を聞き，居室の様子から生活状況について確認していた。Cさんは後見人の訪問を楽しみにし，後見人のために茶菓子を用意していた。夫の急死と施設入所にショックを受け，施設で無口であったCさんも後見人とは楽しそうに話すようになっていった。話の内容は夫や近所に住む友人と出かけた思い出が多く，友人もいない施設での生活がCさんにとって適切なのかどうか後見人は疑問を持つようになった。

　介護支援が必要で身寄りのないCさんに対して，施設入所をすすめることは，保護を優先すれば一般的な支援方法といえる。しかし，施設生活を無事に過ごすための手配だけが後見人の役割ではない。後見人にはCさんの福祉を様々に配慮しCさんにとって最も良い環境での生活を手配する義務と権限が付されている。実際，後見人はCさんの身上に配慮し，施設入所以前の住み慣れた生活を維持できるか検討することが可能である。Cさんの地域生活を実現するために，Cさんの代理人として，介護保険による福祉サービスの利用の他，家政婦の派遣や有料の配食サービスの契約をする可能性がある。この場合，Cさんに対する後見事務は，多額の財産を利用することを前提とした財産管理の範疇といえるかもしれない。

　一方，Cさんに財産が全くなく収入が月々の年金だけであったとしても，身上監護事務が可能である。後見人が生活保護を申請し，無料で利用できる福祉サービスの契約，例えば生活保護家庭では無料となることの多い地域福祉権利擁護事業や介護保険でのホームヘルパーの利用などをアレンジすることで，それまでの地域生活を維持できる可能性が生れる。

　Cさんのように，独り暮らしで介護度の高い高齢者は，措置による福祉制度下では，施設入所により保護されることが多かった。しかし，代理権を持ち当事者に代わって契約ができる後見人の登場により，少なくとも自分の生まれ育った場所でそれまでの生活を維持するための検討が可能となった。このような事例は，財産管理というよりも福祉的配慮，

身上監護に重きをおいた事例である。
　介護保険における介護支援専門員（ケアマネジャー）だけでなく，養成が始まっている「障害者ケアマネジメント従事者」[8]と後見人が連携を持つことも期待される。家族が無く長年施設で生活してきた知的障害者の地域生活も，法定代理権を持つ後見人が在宅での福祉サービスを手配し契約できることで現実味を帯びてくる。

⑥　法律行為に当然付随する事実行為のとらえ方

　後見事務には事実行為は含まれず法律行為に限定される。一方，福祉現場では施設利用や福祉サービス利用の契約にみられる法律行為のほか介護など事実行為も存在する。福祉サービスを利用していく上で法律行為と事実行為が混在する福祉領域であるからこそ，「法律行為に当然付随する事実行為」と介護など労力を要求される事実行為とを明確に区別し，後見事務の内容を吟味することは意味がある。
　いわゆる「見守り行為」は福祉現場ではごく当り前の支援である。例えば，民生委員による定期訪問は地域の要支援者に対する見守りである。同様に，福祉的配慮に基づいて後見事務が行われるためには，継続的な被後見人の意思の確認や生活状況の確認は不可欠である。この点で「見守り行為」を法律行為に付随する事実行為として後見事務に含めるという見解[9]は，福祉現場ではごく当然に受け入れることができる。
　ケアプランに従って福祉サービスが適切に提供されているかフォローアップや追跡調査を行うモニタリングはケアマネジメントの重要な過程である。同様に，福祉サービスの契約を成立させた後，その契約が確実に履行されているかどうか監視し，さらに被後見人のニードの変化に応じて新たな福祉サービスの契約に結びつけることは，被後見人の福祉に配慮した後見事務の一つである。そして，そのために，被後見人の自宅を訪問し面接することは法律行為に付随する事実行為ととらえることができる。
　また，金銭管理を目的に後見人が貸金庫を借りたり，福祉サービス利

用援助事業の契約をすることは法律行為の範囲である。施設入所者について，後見人が施設と金銭管理の委任契約をし，施設が被後見人の印鑑や通帳を預かり，日々の金銭管理を施設が行う場合も，後見事務は法律行為の範囲といえる。このように，法律行為のみで年金など日々の生活に要する金銭管理を行うことは可能かもしれない。しかし，わずかな出費さえも節約しなければならないような低所得者の金銭管理について，有料サービスを利用することなく，後見人自らが銀行に出向き，お金を引き出し金銭管理をする場合がありえる。この場合，定期的に銀行に出向き生活費を被後見人に届けるといった事実行為も後見事務に含まれるのかもしれない。

　財産管理が主である後見事務の場合であっても，被後見人との面談や被後見人の生活状況を実際に把握するために施設や自宅を定期訪問することは重要である。もっとも，被後見人を日常的に支援している関係者や家族から定期的に報告を受けるだけでも，身上監護義務を放棄したとはいえず，自宅や施設への訪問などの事実行為を完全に排除した後見事務も可能である。しかし，被後見人の意思伝達能力が低下しているからこそ，他人を介するだけでなく，直接被後見人と面談し，被後見人の状況を知り意思を確認することこそが身上に配慮することである。

　ノーマライゼーションの実現という共通の目的をもちながらも，後見人の役割とソーシャルワーカーの役割が厳格に区別されて初めて福祉関係者が後見人の役割を理解できると考えられる[10]。しかし，そのような区分が現実の福祉現場では極めて難しいのも確かである。また，法律行為に何らかの事実行為が続き，被後見人にとってはこの連続した一連の支援が必要である場合，あえて厳密にこの二つの行為を区別することは後見事務を滞らせる原因の一つとなる。法律行為を担う後見人と事実行為を担う家族や福祉専門職との十分な連携は重要であるが，法律行為と事実行為のつなぎとしての後見事務が存在するはずである。

(1) 『成年後見法大綱』（日本弁護士連合会司法制度調査会）1996年12月，15〜20頁で，幾つかの学説が紹介されている。特に，身上監護を積極的に取り入れようとする学説の中にも若干の幅があることが述べられている。

6 福祉現場における実践例

(2) 福祉関係者が成年後見制度に関して意見表明を行ったこの時期としては稀有なもので，身上監護を財産管理と医療に関する決定と並列に扱い，その上位概念として「生活支援」を位置づけている。
(3) 『成年後見問題研究会報告書』（成年後見問題研究会）1997年9月，46～52頁で，具体的な内容から，身上監護と財産管理との関係，身体に関する強制を伴うか否かの検討がされている。
(4) 原司「後見体制・監督体制の充実及び経過措置」新井誠編『成年後見』有斐閣，2000年，90頁。
(5) 例えば，床谷は「成年後見法が身体に対する強制を一切含まないものとされていることからすれば，いわゆる身上監護事務なるものは存在せず，あるのはただ，被後見人の意思を尊重し，身上に配慮しつつ行うべき財産管理事務のみということになるのではなかろうか」と述べている（床谷文雄「成年後見における身上配慮義務」『民商法雑誌』122巻4＝5号，533～553頁）。
(6) 事例はすべて，複数の実例を参考にして創作している。
(7) 岩井伸晃（新井誠編『成年後見』有斐閣，2000年，62頁）。
(8) 1997年より厚生労働省が開始した「障害者介護等支援サービス（ケアマネジメント）体制整備推進事業」の中で，障害者ケアマネジャーの養成や試行事業が実施された。そして最近は，養成研修をケアマネジャーという新たな専門職の養成ではなくケアマネジメント技術の習得を目的とし，その技術を習得し地域でケアマネジメントを実践する福祉職の一般的な名称として「ケアマネジメント従事者」が用いられる。
(9) この点について，新井は衆議院法務委員会における法務省民事局長である細川委員の回答を参考にしている（新井誠「任意後見制度」新井誠編『成年後見』有斐閣，2000年，135～136頁）。細川委員の「民法新858条の身上慮義務がある以上は，『一たん介護契約をすればそれで事足りというわけでは』なく，『その介護契約が適切に実施されているかどうかということを見守っていくということも，当然，後見人の職務』である」との発言を引用している。
(10) 「日本社会福祉士会成年後見センターぱあとなあ」による後見人養成研修のスクーリングに使われたテキストによれば，事例研究では「成年後見人とソーシャルワーカーの役割の違いを理解すること」が目的とされた。

7　NPO法人による実践例

[小嶋珠実]

1　成年後見活動を支えるネットワークの重要性

　身上監護事項については，法律行為を前提としながらも，いわゆる「法律行為に当然付随する事実行為」などの扱いにより若干の幅が生じる可能性があることは先に述べた通りである。確かに，旧法でイメージされてきた財産保護を第一とした財産管理のみが成年後見人の役割であるならば，弁護士や司法書士など法律関係者のみで成年後見制度が維持されていくことは合理的であったろう。実際，成年後見制度が開始された2000年4月から1年間で後見申し立ての動機の半数以上を「財産管理処分」が占めている。また，成年後見人には当事者の家族が就任することがほとんどであり，第三者が就任する場合も弁護士や司法書士が多くなっている。

　しかし，被後見人の意思の尊重や自己決定に向けての支援，さらに生活に密着した支援を新しい成年後見制度の特徴と考えた時，旧法において成年後見人に期待されていた資質以上のものが求められる可能性は高い。

　弁護士である秦[1]は，成年後見人に望まれる九つの素養をあげている。「本人の意思を尊重すること」「本人の日常生活に配慮すること」「利益相反について厳格な意識を有していること」「秘密を保持すること」「適切な助言を受けられること」「関係機関との協力関係を保つこと」「法律的な素養，知識，経験があること」「会計に関する知識があること」「組

織運営能力があること」の九点である。ここには，法律知識を含めた専門的な知識だけでなく，支援者としての基本的な資質が含まれている。このような素養をもった人材を養成していくことは重要である。しかし，現時点でこのような人材を養成するシステムは，司法書士会や社会福祉士会の成年後見人養成研修にみられる程度で十分とはいえない。また，今後他にも後見人の養成システムが整備されていったとしても，個々の身上に配慮できる後見人を養成していくためには時間と労力が必要となる。そこで，一人の後見人に多様な素養を求めるだけではなく，これらの素質を補うために関連機関の連携，地域における成年後見制度を支えるネットワークの重要性がクローズアップされることになる。

一方，民法第859条では，「家庭裁判所は，事案に応じて，職権で，成年後見人の権限の共同行使または分掌の定めをすることができる」と複数後見が明文化され，このことは新制度の改正点の一つといわれている。複数後見が明文化されたことは，後見人どうしの連携，あるいはネットワークによる成年後見活動をより容易にすることを示唆している。「日本社会福祉士会　成年後見センターぱあとなあ」に報告されている複数後見の事例でも，社会福祉士どうしによる複数後見，親族と社会福祉士による複数後見のほか，弁護士と社会福祉士，司法書士と社会福祉士というように職種を越えた複数後見がみられる。

例えば，司法書士と社会福祉士が報酬を折半し，不動産管理は司法書士が行い，老齢年金の管理と日常生活費の支払いなど日々の生活に関係する手配などは社会福祉士が行っている事例がある。また，入院中の痴呆性高齢者の財産管理のみを行うため就任した後見人が，予測以上にリハビリの効果があり福祉的支援があれば退院できる可能性が生じたことで，退院後の生活をコーディネイトするために福祉関係者に複数後見を求めてきた事例もあり，職種の専門性を相互に補うための連携が有効となっている。

このように，多様化した成年後見活動を支える組織的活動の重要性をふまえた結果，ネットワークを重視した職能集団の活動，そして各職能集団の組織を越えた協働が誕生している。前者の代表として全国的に活動する司法書士による「リーガルサポート」や社会福祉士による「成年

後見センターぱあとなあ」などがあげられ，後者の代表として，都道府県社会福祉協議会などが運営する「権利擁護センター」や各地域で展開されるNPO法人などがあげられる。

② 成年後見活動に取り組むNPO法人

　成年後見制度を支えるための，職種を越えた組織的な協働のタイプは，大きく二つに分類できる。一つは，自治体や社会福祉協議会など比較的大きな組織が他の事務や活動と平行して成年後見活動にも参加する場合である。そしてもう一つが，地域の有志で始めた成年後見活動が，より効率的で市民のニーズに対応できるような活動を推進するために，徐々に組織化されていった団体である。この団体の中にはNPO法人の認可を求めるところがある。

　このようにして誕生したNPO法人は，行政がバックアップする組織と比べて，財源や市民に与える安心感などの課題も多いが，既に所属する職能団体や職業団体にさほど気兼ねすることなく多様な専門家の参加を得やすく，相談内容に応じて柔軟に対応できる。

　そして，最も大きな利点は，成年後見人に求められる多岐にわたる資質に対応しやすいという点である。成年後見人に求められる役割を十分に満たすために，複数後見人の選任や，一人の後見人が別の専門職から支援を受ける方法も考えられるが，最初から多機能をもった相談機関が用意されていた方が，当事者としては相談しやすいはずである。

　行政の予算措置により新しく設置され，主に社会福祉協議会により運営される成年後見センターや権利擁護センターでも弁護士，医師，社会福祉士，司法書士など多様な職種が活動している。その多くは無料あるいは低料金で相談でき，設置主体が自治体であることで利用者の安心感はNPO法人よりも大きいものと思われる。ただし，行政により設置されることで，設置数は限界があり，相談窓口も県庁所在地など比較的大都市に偏る可能性がある。その一方で，小回りのきく，NPO法人が設置した相談機関は，地域のよろず相談所として機能する可能性をもって

いる。
　次に，地域で誕生した成年後見制度を支えるNPO法人を紹介する[2]。
　《NPO法人　大分あんしんねっと[3]》　「大分あんしんねっと」は「成年後見・権利擁護大分ネット」の名で，家庭裁判所，行政機関，当事者団体，専門職能団体の連携を強化するための諸活動を目的に1998年11月に誕生した。弁護士，医師，社会福祉士，司法書士，看護婦，大学教員等，様々な職種が参加し，成年後見制度開始に向けて組織化を準備してきた。そして，1999年5月には大分県の第1号のNPOの認証を受けた。NPO法人としての社会的認知度，多職種の参加による多様な相談活動の可能性の高さを生かし，成年後見制度が開始される以前に「痴呆性高齢者・知的障害者・精神障害者に関する生活問題・財産管理何でも相談（あんしん110番）」という相談活動を開始した。
　「大分あんしんねっと」は，弁護士と社会福祉士による共同研究の場としての「大分成年後見制度研究会」が発展していったもので，その後，司法書士との連携が始まり，さらに地元大学の研究者も加わり，小さな結合が地域に根付く巨大なネットワークとして成長していった。特に，早い段階で成年後見制度の利用に福祉関係者が興味を持ち，具体的な相談活動に耐えうるようにネットワークを整備していったことが特徴である。
　《NPO法人　ぱあとなあ近畿》　「NPO法人　ぱあとなあ近畿」は2000年に設立しNPO法人の認可を受けている。その名称から，日本社会福祉士会が設立した「成年後見センターぱあとなあ」の一支部の印象を受けるが，純粋に日本社会福祉士会の会員のみが所属の対象となっている「ぱあとなあ」及び各支部と性格を異にしてる。
　当初は，社会福祉士を中心に設立に向けて活動が行われたが，入会金と年会費を支払った個人会員による運営となっている。成年後見活動に参加しようとする個々の専門職が活動をしていく上での必要性から組織化を図った点で実践的な法人といえる。その活動は，成年後見制度に関する相談全般と，権利擁護の啓発活動など幅広くなっている。また，法人に所属する会員が後見人に就任している。
　その他に，ひまわり（大阪弁護士会）から助言者を招き，事例検討会

を開催し，身上監護に関する意見交換を行っている。実際，福祉・医療現場からの相談が多く，制度の申立てから後見人選任までの一連の動きに関する支援を行っている。

《ＮＰＯ法人神奈川成年後見サポートセンター》　全国的な活動状況は不明だが，神奈川県内の成年後見制度に賛同する行政書士が中心となって「ＮＰＯ法人　神奈川成年後見サポートセンター」が設立された。成年後見制度に関連しては，任意後見人の推薦，会員が任意後見人になった場合の任意後見監督人への就任，成年後見に関する相談などの活動を行っている。

　ここに紹介した以外にも，精神障害者の権利擁護活動や成年後見活動を主な事業内容とした「自律支援センターさぽーと」や高齢者に対する後見事務を含めた幅広い支援を行うために弁護士や行政書士，司法書士，税理士など司法関係者で組織された「高齢者支援協会」が設立されている。「コンティゴしまね」は地域住民と専門家がチームを組み，福祉サービスの利用に関する事業と成年後見に関する事業を行っている。地域の権利擁護機関としてオンブズパーソン活動とともに意義あるものとなっている。また，後見事務は行わないものの，成年後見制度の普及促進などを事業の一つとして活動しているＮＰＯ法人も存在する。

③　成年後見制度を支えるこれからのＮＰＯ法人の役割

　成年後見制度に関連した活動を行うＮＰＯ法人が誕生している。「大分あんしんねっと」のように成年後見制度が開始される以前から十分に準備をし，県内で最初にＮＰＯ法人の認定を受けるといった歴史ををもつ法人がある一方，その多くは成年後見制度が始まった2000年4月以後に設立されている。そのため，活動内容については今後も社会の要請に応じて変化すると思われるが，団体の設立目的や規模によって活動は様々である。法人後見を行うことを法人の定款としてあげているところや，後見人候補者の紹介や適切な相談窓口の紹介など初期相談窓口とし

てコーディネートのみを行っている法人もある。今後も，NPO法人のもつ利点を生かし，成年後見制度に関する活動を行うNPO法人が増えていくと思われる。ここでは，今後期待されるNPO法人の役割について検討する。

① NPO法人による法人後見　成年後見制度において，法人に期待される役割はいくつかある。後見人の養成に始まり，後見人候補者の紹介，推薦など後見人の供給に関すること，そして，法人による後見実務が期待されている大きな役割といえる。

単なる財産管理だけでなく生活に密着した身上監護が求められ，信頼関係やより精神的なつながりをもった人間関係が求められる後見人であるからこそ，後見人には法人よりも個人がふさわしいという意見がある。後見活動は対人援助であり，まず個別的な関係を重視するのは当然である。また，一人の後見人にはない安定性を法人には期待できることから，法人には後見よりも後見監督を期待したいという意見もある。一方，後見人の死亡やその他の理由で後見人としての責務に耐えられなくなったことを考えると，後見実務が個人の資質に左右されることなく引き続き行われる可能性の高い法人後見に対する期待も大きい。実際，後見に伴う費用負担の軽減などを考慮し，社会福祉協議会などの福祉法人が法人後見を担っていこうとする動きがある。

社会福祉協議会が法人後見を担う場合には次のような利点と課題が考えられる。地域福祉権利擁護事業の利用を考えた時，意思能力の程度が契約を締結できるか否かのグレーゾーンにある対象者の場合，社会福祉協議会が法人後見を担うなど積極的に成年後見制度に関与することで，あえて地域福祉権利擁護事業に結びつけるのではなく，スムースに成年後見制度に結びつけやすくなる利点がある。この場合，社会福祉協議会という同一法人内で初期相談，後見申立てまでの手続き援助，後見人の配給，後見活動に対する監視・監督まですべて負う可能性があることで，要援護者の権利擁護を図るための厳格な姿勢をどう保証していくかが課題となる。しかし，その対策として法人内に，「事業監視委員会」を設置するなどして，より透明で安全なサービス提供がなされるよう検討されていくと思われる。むしろ，社会福祉協議会が後見実務だけでなくそ

の他の事業を抱えマンパワーの限界も危惧される組織であるからこそ，無制限に後見事務を引き受けていくのではなく，例えば「市町村長の申し立てによる事例に限る」や「低所得者に限る」など対象者に制限が加えられていく可能性がある。このような点から，社会福祉協議会による法人後見に対する期待が，一定の条件を満たすＮＰＯ法人にも向けられていくものと思われる。

　今後，ＮＰＯ法人が法人後見を受けていく上で，地域のニードへの即応性と活動の柔軟性，そして非営利団体であることをＮＰＯ法人の最大の武器とするならば，組織の安定性が大きな課題となる。確かに，様々なＮＰＯ法人が誕生し，その名称だけからではどんな活動をしているか容易にわからず，「どんな人が参加し，どんな活動が行われているかよくわからない，何かあった場合にはどのように保障されるのか」といった不安を利用者に与えるとしたら大きな弱点となる。特に，利用者が従来の行政主導の福祉サービスに対する依存感や安心感から脱却できない間は，行政のもつ安定性と同様の安心感が示されなければ，ＮＰＯ法人をあえて利用しようと思われないのは当然である。ＮＰＯ法人による自己評価も盛んに検討されているが，特に成年後見制度に関わるＮＰＯ法人には，組織の透明性，活動実態の情報提供，第三者による組織の監督や評価など，当事者の安心感を得られるような配慮が望まれる。

　また，法人後見をすすめる場合，ＮＰＯ法人であっても，対人援助の個別性をどう意識できるかが課題となる。もちろん，後見事務の効率化や後見人の負担の軽減のためだけの安易な法人後見は慎まなければならない。法人という組織が後見を受任することで，後見事務を行う個々の人間の資質や責任が曖昧となる可能性がある。多様な職種や多くの人の参加の可能性があるＮＰＯ法人による後見であるからこそ，法人の中で後見活動を行う者には，被後見人との個別の人間関係を特に強化した対人援助が望まれる。

　②　ＮＰＯ法人に期待される後見活動　　ＮＰＯ法人による法人後見の利点，課題については先に述べた。では法人後見以外にＮＰＯ法人にはどのような役割を期待できるのであろうか。

　成年後見活動を支える既存のＮＰＯ法人の設立過程，現状の活動など

7 NPO法人による実践例

から，次のような役割が期待される。
- 相談に対応するためのノウハウの蓄積
- 多職種の参加による専門性の相互補完
- 利用者が安心して制度を利用しやすくするための環境整備
- 成年後見制度に関わる人材の養成
- 地域の事情に配慮した組織運営
- 非営利団体ゆえの後見費用に関する配慮

　このように，幾つかの役割が期待されるが，やはり，成年後見制度に関わるNPO法人には地域の関係者が集まる利点を行かした手続き世話人的な役割，つまり，成年後見制度について，どこに何を相談してわからないような市民の初期の相談に耳を傾け，内容を分析し，適切な相談窓口につなげていくコーディネイターとしての役割が期待される。高額の財産をもち，その財産管理を目的に成年後見制度を利用しようとする市民は，まず弁護士や司法書士に相談することを思い浮かべるであろう。しかし，「親なき後の知的障害をもつ我が子の行く末」「特に財産といえるものはないけれど，通帳の管理を誰かにお願いしたい」など身上監護を主とした相談をどこにしていいか迷う人がいるかもしれない。現在の福祉事務所の体制で成年後見制度の手続きまで援助することは困難である。相談の内容によっては「福祉サービス利用援助事業」を利用した方が望ましい場合や，「福祉サービス利用援助事業」の利用から成年後見制度に結びつける可能性があることで社会福祉協議会が相談窓口として機能することも考えられる。専門的な相談窓口につなぐための初期相談を受けられる総合窓口の必要性は高く，そのような機能が，ここで取り上げた地域で育ってきたNPO法人には期待される。

(1) 秦悟志「成年後見制度における弁護士の役割」『自由と正義』51巻6号44～55頁。
(2) 成年後見制度を支えるNPO法人については，まとまって紹介した文献は少なく，各法人の発行するパンフレットなどの出版物の他，ホームページを参考にした。
(3) 二宮孝富・小幡秀夫「成年後見の市民ネットワーク」（新井誠編『成年後見』有斐閣，2000年）や成年後見・権利擁護大分ネット機関誌『大分あんしんねっと』1999年を参照。

8 先進的外国法実務における参考例

［池田恵利子］

　これまでに各国の成年後見制度の法そのものや法理論の比較は，法律家によって視察されたものをもとに報告がされ始めている。しかし，一人の生活者である個人が自らの身上に関することでありながら，その居住地や医療や福祉サービスの利用そして生活上のことを「自ら」決められなくなった場合の，特に介護・福祉等の社会サービス利用との関係に視点をおいた身上監護事項を中心にした各国制度の比較の試みはまだされていない。

　これらは今後我が国が「自らが決め得ない場合どうするのか」という社会的法律的規範を確立していく上で，各国の比較は重要な示唆となりうると思われる。

　近年欧米諸国で成年後見制度が大改正された理由は，日本と同様に高齢社会の到来などでケア等の身上監護事項について「自己決定の尊重」の理念にかなった制度への変換が求められたからである。

　1971年第26回国連総会決議「精神薄弱者権利宣言」は，その第5条で「精神薄弱者は，その個人の福祉及び利益が必要とする場合には，資格のある後見人を持つ権利を有する」と規定している。

　自立に対する強い欲求に支えられたノーマライゼーション理念の浸透も，「個人」を支える制度である成年後見制度の発展と表裏一体としてある。福祉最先進国というべきスウェーデンでは，21世紀を目前にしてエーデル改革という高齢者のケアにかかる経費の効率的運用と尊厳を高めるための改革をおこない，1994年から障害者福祉改革を推進中である。ここではノーマライゼーションの成熟と権利性の明確化が顕著で，エンパワメントとしてまず最初に的確な情報を的確に提供し自己決定による

サービス利用が可能な基盤整備がされていることは言うまでもない。まず福祉的支援としてハンデイキャップ・オンブズマンの制度を発足させ，「機能障害者を対象とする援助及びサービスに関する法律」（略称LSS法）や「介護手当に関する法律」（略称LASS法）により自己決定と地域における自立した生活が保障されている。また当事者の権利は当事者によって守られるのが原則であるが，その限界があるときは，周囲に代弁者（アドボカシー）が求められ，機能しない場合は後見人を定めている。これについて二文字理明は「後見人をつけることによって誰もが平等な法的地位が約束され権利行使ができるという考え方である。」[1]と，述べ，本人の立場や利益を考え最優先する後見人という代弁者の意義を言い当てている。

この1989年そして1995年の相次ぐ成年後見制度の改革によって，成年者であればだれでもが法的に無能力者として扱われることはなくなり，選挙権はじめ法的権限は権利として保障された。後見人については大きく分けて助言提供者の性格の強い「グードマン」と法的権限を移譲する「管財後見人」の2種類が用意され，できるだけ本人の行為や権限を制限しないよう留意されている。地域ではこのグードマン，管財後見人，親，近親者等，本人の権利擁護に関わる者が本来の活動ができるように各コミューンに後見人委員会が組織され重要な働きをしているのである。

さてこのような状況をふまえて，欧米の例としてドイツとカナダの制度について筆者が1998年から2001年にわたり調査したことをもとに，以下の視点を項目に大まかに整理し比較してみた。また，法の仕組みなどは最低限に押さえ，特に身上監護事項の実施とそれを可能にしている福祉との関連について，以下を重点に整理した。

a	どの様な状態になったとき	対象者の範囲
b	誰が，どの様なかたちで，誰に通報し	通報者と通報の方法
c	どの様なかたちで能力判定を，誰が行い，後見の決定をするか	能力判定と後見の決定
d	誰に，どの様な権限を持たせるか	後見の権限の範

第3部 注目すべき実践例

　　e　後見人と身上監護の関係　　　囲と後見人
　　　　　　　　　　　　　　　　　福祉や精神保健
　　　　　　　　　　　　　　　　　面で，行政及び
　　　　　　　　　　　　　　　　　関係者との連携
　　　　　　　　　　　　　　　　　の実際
　　f　低所得者への配慮　　　　　公的後見

1　ドイツ

(1)　法の仕組み

　介護保険制度が存在し，成年後見制度については手本とも考えられるドイツだが，ドイツの憲法に当たる基本法第2条は国民の自由と自己実現の権利を保障しており，自己決定と自己責任のもとで，障害者と非障害者と区別して恩恵的な給付や援助対象にするのではなく，ドイツ成年者世話法によってできる限り私的自治を保障する後見支援が国民のすべてに社会的権利として必要な援助を受けることができるよう整備されている。

　具体的には入所者の権利侵害を予防するため司法との連携で細部までが決められたホーム法の他に，現在連邦保健省を中心に「介護サービスの質の確保と利用者保護の強化のための法律案」の準備が進められている。また，個人の信頼関係によるマンツーマンの支援として個人的世話として身上監護が重要視されている。

　1990年9月に制定され1992年1月1日施行の成年者世話法（Gesetz zur Reform des Rechts der Vormundschaft und Pflegschaft fuer Volljaehrige 1990 -Betreuungsrecht）は三つの法（(a)従来の行為能力剥奪を中心にした旧法を改め，世話と支援の法制度に一新した，(b)世話人協会の設立等による受け皿の整備法，(c)手続き法）により構成されている。また1998年6月に成立し翌年1月に改正法が施行され予防的代理権（任意後見）が取り入れられた。

　この世話法の理念は，連邦法，ドイツ憲法にある個人の権限「自分で

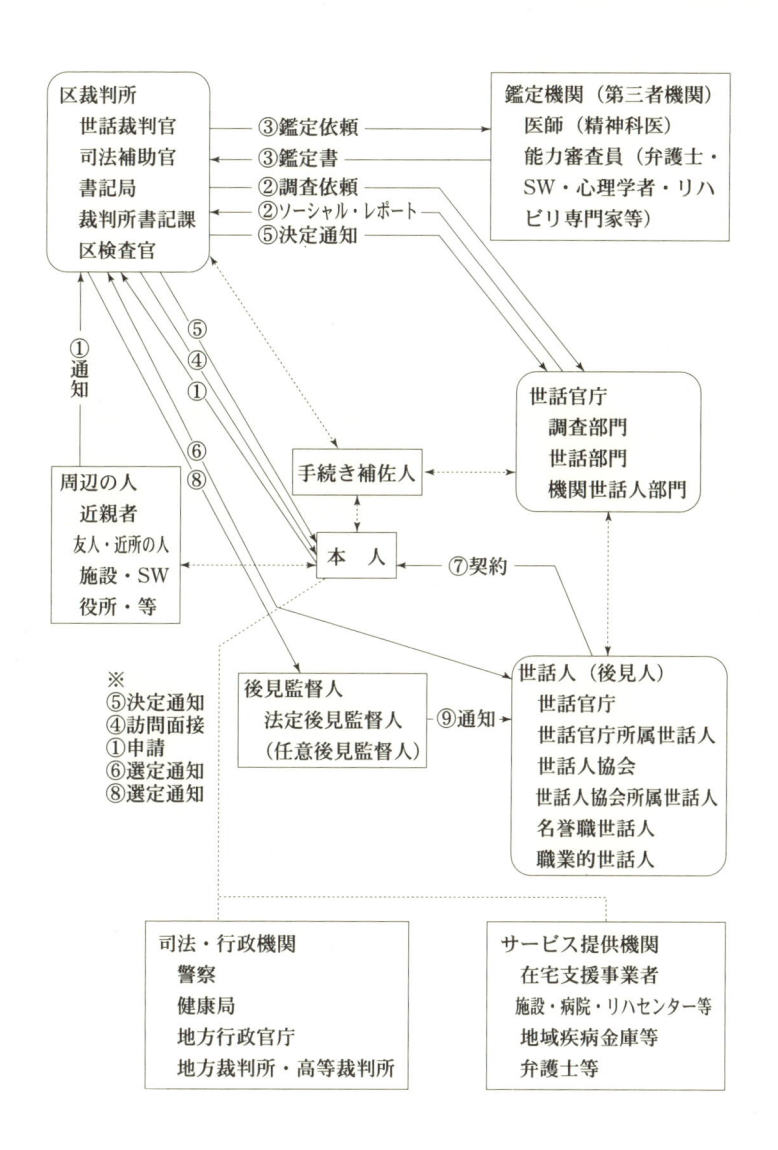

8 先進的外国法実務における参考例

```
区裁判所
  世話裁判官          ③鑑定依頼 →      鑑定機関(第三者機関)
  司法補助官          ③鑑定書 ←          医師(精神科医)
  書記局              ②調査依頼 →        能力審査員(弁護士・
  裁判所書記課        ②ソーシャル・レポート ← SW・心理学者・リハ
  区検査官            ⑤決定通知 →         ビリ専門家等)
```

- ①通知
- ⑤④①⑥⑧

周辺の人
  近親者
  友人・近所の人
  施設・SW
  役所・等

手続き補佐人

本 人 ← ⑦契約

世話官庁
  調査部門
  世話部門
  機関世話人部門

※
  ⑤決定通知
  ④訪問面接
  ①申請
  ⑥選定通知
  ⑧選定通知

後見監督人
  法定後見監督人
  (任意後見監督人)

世話人(後見人)
  世話官庁
  世話官庁所属世話人
  世話人協会
  世話人協会所属世話人
  名誉職世話人
  職業的世話人

⑨通知

司法・行政機関
  警察
  健康局
  地方行政官庁
  地方裁判所・高等裁判所

サービス提供機関
  在宅支援事業者
  施設・病院・リハセンター等
  地域疾病金庫等
  弁護士等

図　ドイツ成年後見制度のしくみ
(原出典　ドイツ成年後見ハンドブック)

決定し自分で行動する個人の権利」を根底に，それができなくなったら国がその私的自治の保障を引き受けるべきという考え方による。

基本原則としては，以下の三つであり，特に③は，身上監護を本人側の利益のみを考え代理していく上で最重要視されている。

① 補充性の原則　他の公的私的な援助に対し補充的なもの
② 必要性の原則　本人にとって必要な事務が処理できるか否かの判断の重視。支援を必要としている任務範囲のみにかかわる
③ 個人的世話の原則　世話人は可能な限り個人が選任される。被世話人は個人的個別的に世話され，コンタクトをとる。信頼関係に基づくマンツーマンの制度である。

また，福祉との関連において制度の運用の仕組みの第一の特色と言えるのは以下の三位一体とも言える体制にあり，ドイツで成年後見制度が社会のシステムとしてよく機能している理由ともいえ，日本の今後の運用を考える上でも示唆的である（図参照）。

まず地域の中学校区程度に一つある後見裁判所と，家族やボランティア世話人の啓発・研修紹介等を行う世話（人）協会は，日本の法務省に当たる司法省の費用で関係諸費をまかなっている。そして世話人支援センター（世話官庁）は，福祉法の中に規定され，各基礎自治体の社会サービス部の一部として存在し，ⓐ市民への広報啓発，地域団体の組織化，ⓑ被後見人候補者の発見・アセスメント，ⓒプロの職業世話人を養成教育，推薦，助言，指導，ⓓ世話協会への支援や連絡調整，ⓔ世話官庁としての世話の引き受けと遂行，という要的な役割を果たしている。

以上ドイツにおいては，国家主導で司法，行政，民間の組織が法に基づいて設置され，有機的に機能している。また世話人は，ボランティアの名誉世話人，職業世話人を基本にマンツーマンの信頼関係に基づく支援が目指される法定代理人であり，現在被後見人は70万人である。

(2) **運用の実際**

　a　基準は，民法1896条第一項「一時的もしくは継続的に，自己の事項の全部または一部を，もはや自ら処理することができない場合には，」という文面で，18歳に達し事務能力等に疑義があるとき，判断能

力及び意思能力の低下に限らず，その対象としている。

ただし，他の援助が得られないときと言う補充性の原則と，必要な部分にのみという必要性の原則がある。

b 後見裁判所への通報（制度利用の提案）は誰でもよい。匿名でも認められる。後見人の援助が必要ではないかと思う者がいれば後見裁判所に連絡する。

c 能力判定と決定　能力判定は世話人支援センター（世話官庁）のソーシャルワーカーによるソーシャルレポートとして，精神の病であるかではなく，生活をしていく上で障害があるか，自分の身の回りのことができるかを見る。

鑑定は健康状態等を専門医が見る。可能性とリハビリの効果があるかがポイントである。

通常1ヵ月から2ヵ月程度を要し，400から700マルク（日本円換算22000円から38000円）程度の費用である。

後見の決定は，上記の鑑定書とソーシャルレポートの両方を参考に，本人の居所に行き裁判官が自分で見て要否，その範囲（①健康面，②財産管理，③住居に関すること，④官庁に対する諸手続）等を判断する。その際本人はもちろん家族や本人が信頼している人とも会う。

d 範囲の決定　被後見人は行為無能力者ではない。指示や命令はできない。フランクフルトにあるホームでは以前は制止帯等は許認可が不必要だったが，現在は薬品管理同様非常に厳しい。

身上監護に関し，ドイツ民法1901条4項には「世話人は，その職務範囲内において，被世話人の疾病もしくは障害を除去し，改善し，その悪化を防止し，又は，その結果を軽減する可能性が活用されるように寄与しなければならない」と規定され，財産管理のみを職務範囲としている世話人もこの義務を全く負わないというわけではないことが別に規定されている。

実務では職務範囲はおおまかな表現とならざるをえないが，その内容は次頁の表の通りである。

- ● 居所指定に関する事項
  - ・居所指定
  - ・精神医療上の処置のための居所指定
- ● 住居の確保に関する事項
  - ・住居の維持保全のための措置の実施
  - ・立ち入りの確保並びに日常家事処理権の第三者への授与を含む，住居への立ち入り
  - ・居住生活空間の明渡しおよび住宅の引払い
  - ・住居の片づけおよび修繕
  - ・［使用］賃貸借契約締結による住居の調達
  - ・福祉施設入所契約および介護契約の締結，変更およびその遵守のコントロール
- ● 居所指定および財産管理事項
  - ・施設に対する被世話人の利益の代表
  - ・「その他の援助」の領域における措置の組織化および監督，および，これに起因する債権の清算
- ● 健康に関する事項
  - ・健康配慮
  - ・検査，手術およびあらゆる治療行為についての同意
  - ・精神医療上の処置についての健康配慮
- ● 居所指定および健康に関する事項
  - ・自由を剥奪する措置の許可に関する申請と同意およびその監督
  - ・閉鎖的施設への収容の許可に関する申請と同意
- ● その他の職務範囲
  - ・全ての事項に関する代理
  - ・（……に対する）法的紛争における代理
  - ・業務用郵便物・私用郵便物の受領，開封および留め置き
  - ・電信電話による通信行為に関する決定
  - ・任意代理人の監督および任意代理人に対する被世話人の権利の行使

医的侵襲や居所指定，身体拘束等に関しては後見裁判官の決定によるものとされている。

e　後見人　ボランティア後見人の育成は世話人協会，職業世話人の養成は世話支援センターで行う。プロの職業世話人は専門学校等で要請されており，ほとんどがソーシャルワーカーの資格者だが，他の職と兼務しているものが多い。

たとえばハンブルグでは350人のうち310人は家族ボランティアの世話人である。ミュンヘン市は全体1460人の内ボランティア世話人が57％の851人ソーシャルワーカーの世話人が23.5パーセントの345人法律家の世話人が10％156人である。

f　低所得者への配慮

鑑定等決定までの費用は，本人の所得が月1600マルク（日本円換算約9万円）までの場合は裁判所が負担する。後見人への報酬は，本人の収入によって段階的であり，上記金額を境にして費用負担はなく，全面的に自治体の費用となる。

2　カ　ナ　ダ

(1)　制度と法の仕組み

カナダの制度は，ノーマライゼーション，自己決定権の尊重，社会参加などの理念を忠実にシステム化した制度を構築している。

なかでもオンタリオ州の代行決定法は，1995年4月に施行になったもので，身上財産公後見人事務所が中心になり，能力判定事務所というユニークな組織もある。この能力判定事務所は国連の権利宣言の精神を忠実に具現化しており，能力の不足したところのみの面倒をみるという原則に則って，きめ細かい区分をして判定をしている。このことにより始めて「残存能力の活用」が可能となるという考え方に基づいてである。

オンタリオ州ではヘルスケアとその他の個人的ケアというかたちで身上監護の代行決定を二つの法律にわけており，また精神障害者に関しては精神保健法も関与しており，これらの適用については別表のように整

表　基本的な法的概念

	ヘルスケア ・処遇 ・ケア施設への入所許可 ・個別支援計画	その他の個人的ケア ・衛生 ・居住 ・栄養 ・安全 ・衣類	財産 ・収入 ・支出 ・資産 ・債務
成人の意思決定能力の法の根拠	HCCA s. 2（1）	SDA s. 4（2）	SDA s. 2（2）
同意なしの処遇の否定	HCCA s. 10（1）		
合法的な同意の要素	HCCA s. 11（1）		
インフォームドコンセント	HCCA s. 11（2）（3）（4） s. 12 同意 s. 14　同意の撤回		SDA　s. 6
能力の要素	HCCA　s. 4（1） 決定に適切な情報の理解と決定した場合しない場合の結果の見通しがつけられること	SDA　s. 45 個人的ケアの決定の能力不足に限定 s. 47（2） 個人的ケアの能力不足を認めて代理人に権利を認めた場合	財産管理の能力不足に限定 s. 9 財産管理の能力不足を認めて代理人に権利を認めた場合 SDA
代行決定者	HCCA　s. 9 s. 20により公的権限を与えられもしくは拒絶した個人の利益に基づいた処遇の同意を無能力者を尊重してする人 s. 39&40 入所に関して s. 56&57&58 個人支援計画	SDA ・個人的ケアの代理人 s. 46&47&48によって公的に権威を与えられる ・決定代理人として裁判所で決められた公後見人	財産管理代理人 s. 7, 8, 9, 10. 財産公後見人

理されている。このようにわけられたことは，一つには日本同様官庁の縦割りの関係があるとのことだが，現場においては混乱はないとのことである（前ページ表参照）。

Substitute Decision Act	代行決定法	略称SDA
Mental Health Act	精神保健法	略称MHA
Health Care Consent Act	ヘルスケア同意法	略称HCCA

オンタリオ州代行決定法の特徴としては，以下をあげることができる。
① 任意代理と法定後見の双方を体系的に規定している。
② 財産管理と身上監護の双方を規定している
③ 身上財産公後見人，能力判定者，代弁者等他に見られない組織によって本人の保護プログラムを構築している。
④ 代弁者による代弁活動によるデュープロセス（適正手続き）の確保を明定している。
⑤ 財産管理及び身上監護双方において部分後見を採用している
⑥ 能力判定について能力判定事務所を独自組織として行政の一部として位置づけ，裁判所の負担と関与を軽減している

(2) **運用の実態**

ここではオンタリオ州の公後見人（パブリックガーディアン）について述べる

a 民法典の規定として「無能力者とは，病気や精神障害あるいは加齢による老化現象等により，自分の意思を表明すべき精神的または肉体的な能力が徐々に欠如して，自分で自分の世話ができない人や自分の財産を管理できない人」（民法258条）。
b 本人もしくは関係者が書面で裁判所に申請。
c 判定者資格を設置し，判定能力のガイドラインを明確にし，ソーシャルワーカー等による日常生活の心理社会学上の報告書と必要に応じて医学上の報告書を用いる。
d 後見人には知人や家族等が多いが，法定身上財産公後見人は身寄りがない場合など。
e 身上監護及び財産管理に両方を任務とする。

③ 諸外国の制度からの示唆

　成年後見制度を利用する誘因は，二つに大別できる。そのひとつは財産管理の問題であり，もうひとつは日本においてはこれまで措置権で対処できた施設入所や福祉サービスや医療の利用などをふくむ，身上監護事項における支援と決定である。そして，超高齢社会をむかえるに当たって，この後者が日本でも今後大きな問題となるのは間違いない。
　つまり要援護者の自分自身による身上監護能力が低下した場合を想定し，介護・福祉等社会サービスの利用について，自己決定に代わる決定についての明確なルールが決められなくてはならないということである。
　そこには，自治体がニーズの把握とアセスメントに関わり，身上監護事項を細かく分析してそれに基づき裁判所が職務として課すことで世話人による包括的支援が期待できるドイツの世話法の方式。また，英国のメンタルヘルス法のように精神保健分野のみを別立てに立法し，そのほとんどが自治体のソーシャルワーカーを身上監護後見人（ガーデイアン）として任命することで公的支援として整備する方式。もしくはカナダのように代行決定法のほかにヘルスケア同意及び入所決定法を別に制定しつつ，支援については公後見人（パブリックガーディアン）及びその事務所というかたちで総括的支援をめざす方式等，各国のかたちは少づつ国情を反映して違いを見せている。
　ただ，いずれにせよこれら諸外国の制度は，運用の面で福祉関係者特に自治体の社会サービス部（福祉事務所等地域で直接対人社会サービスに携わっている部署）等と家庭裁判所等司法の組織の間に密接な連携体制がある。ここには，在宅を中心に本人の意思と自己決定を法手続き上でも尊重してきた国々と，日本の意識差が現れている。
　また同様にその差が大きいのが，個人の地域における在宅生活を支える社会サービス（居住，交通，安全，環境，教育，雇用，医療，福祉，介護等）という概念に基づく身上監護事項の位置づけである。この位置づけの上に，それを支える対人支援のシステムが成熟している欧米と日本で

は，今後の意思能力の低下した方々の在宅生活を実現していく上で大きな開きがでてしまう心配がある。英国ドイツほか北欧の国々等において，日本の厚生省（日本でも2001年に厚生労働省となった）に当たる中央省庁及び自治体の出先機関の呼称は，社会サービス省・社会サービス部という呼称が使われることが一般的であり，個人の住まいに関する施策等を含む社会サービスについても一体的にあたれる体制を整えている。日本ではわかりにくいと言われる成年後見制度の身上監護事項であるが，この内容はとりもなおさず欧米におけるこれら社会サービスと言われる事柄とほぼ一致しており，地域において一般市民の在宅生活を可能とする支援の中身と一致するもので，だからこそ職業的な成年後見の担い手には社会福祉専門職ソーシャルワーカーが結果的に多数を占めているのである。

(1) 二文字理明「スウェーデンにおけるアドボカシーシステムの展開」『障害を持つ人の人権 ③福祉サービスと自立支援』有斐閣，2000年，205頁。

9 福祉現場からの提案

［小嶋珠実］

　2000年4月に成年後見制度が開始され，後見の申し立てが飛躍的に増加した。しかし，従来の禁治産制度と同じく，後見人に就任するのは家族が多く，身上監護を担うべき福祉関係者が後見人に就任する事例は少ない。申し立ての主な理由も財産管理に偏向している。しかし，このことから成年後見制度が福祉的見地からは利用しにくい制度であると考えたり，身上監護事務の必要性が低いと考えるのは早計である。むしろ，福祉の分野に契約という考え方が導入されてから日が浅いことで，福祉サービスの利用者・提供者ともに契約に対する意識が根付いていないことを物語っている。今後，障害者福祉においても支援費制度が開始され，判断能力が不十分な人々に対する福祉サービスの多くが契約に基づいて提供されることになる。そのため，契約行為を補完する成年後見制度の必要性が福祉現場でさらに認識されるものと思われる。また，成年後見制度は財産管理のみを行い，生活面の援助は従来の福祉制度に加え，福祉サービス利用援助事業を施設入所者をも対象とするなどして，事業内容を充実させていけば十分であると考えるのも，車の両輪としての成年後見制度と福祉制度との相互効果を阻害するものである。

　福祉サービス利用援助事業の対象が契約能力の有無により限定されるのに比べ，成年後見制度は判断能力が低下し契約が困難となった人（契約弱者）でも利用できる。ただし，重度の障害により判断決定が困難であったり，意思の伝達が困難であるような場合に，被後見人の意思をどう把握し後見事務に反映させていくかが課題となる。後見人の代理決定は法的には有効であるが，だからといって，安易に被後見人の意思を推定し代理すること（推定代理）が許されるわけではなく，被後見人の意

9 福祉現場からの提案

思を何とか把握しようという後見人の姿勢は重要である。ここでは，成年後見制度を利用していく上で，被後見人の意思を把握するための援助と代理決定のための援助について考えてみる。

1 意思決定のための援助

　適切な手順を踏んだ契約であれば，当事者の本心がどうであれ契約の意思があったものと解釈される。福祉サービスの利用も同様である。特別養護老人ホームを利用する場合，便宜上家族が当事者に代わり利用申し込みをすることもあり得るが，申込が有効とされ施設入所した時点では，施設入所については当事者も同意をしていると解釈される。措置制度下では，一部で当事者の思いも尊重される傾向はあったものの，パタナリスティックに福祉サービスが提供されることが多かった。しかし，介護保険や支援費制度になってからは当事者の意思に従って福祉サービス利用の契約が成立する。その点で，当事者の意思がどのようなプロセスを経て決定され表明されるか明らかにすることは重要である。

　当事者が意思をもって契約に至るまでには，自身の中では三つの段階が存在する。まず第一が，当事者が契約内容を適切に説明され，その内容を理解することである。第二が，得られた情報を用いて当事者が自分の希望や意思を明確にしていくことである。そして，第三に，当事者が決定した事柄を正確に周囲に伝達することである。これらの段階においてそれぞれに援助が必要となる。

(1) 被後見人が適切に情報提供を受け内容を理解するための援助

　視覚障害者には点字を，聴覚障害者にはFaxを用いるなど，情報提供のために工夫をすることは，ごく当たり前のこととなっている。これまで措置制度であったことや情報を理解するだけの能力が不十分であるからといった理由で，自らが受ける福祉サービスについても十分な説明をされることが少なかった知的障害者に対しても，何とか適切に情報が提供されるよう研究がすすんでいる[1]。適切な情報提供への配慮は消費契約を安全なものにすると同時に根底には権利擁護につながるものである。

例えば，肝臓疾患で医師からアルコールの摂取をとめられている痴呆性高齢者がいる。彼が，飲酒をやめられないのは，飲酒を続けることで重大な事態が引き起こされることを承知しているのか，痴呆により医師の説明を十分に理解できていないのかで，後見人の対応は異なるかもしれない。もっとも，生命に関わることであり，アルコール類の購入ができないよう金銭管理を後見人が行うことは問題がなさそうに思える。しかし，だからといって，健康第一にパタナリスティツクに事をすすめるのではなく，また，望ましい行為を導くよう説得するのではなく，適切な自己決定がなされるよう病状や予後の説明を十分に行う必要がある。この点を医師にのみに任せるのではなく，日常生活の視点や心理的サポートの面から関わっていくことも後見人の役割である。

一方で，自閉性障害者や重度心身障害者のようにコミュニケーション障害が重度の場合，高度なコミュニケーション技術を後見人に要求されることがある。後見人が専門的なコミュニケーション技術を有していない場合には，通訳者として専門家を利用することも考えられる。

(2) 被後見人が意思を伝えるための援助

まず，意思能力をどう評価するかについて考える。意思能力は，医学や心理学で定義された用語でなく法律上の概念であり，この能力の有無は裁判所が判断する。ただし，この能力の有無により法律行為を全面的に制限してきたという旧法の反省に立ち，どの種類の判断能力がどの程度残されているのか(残存能力)[2]を評価することが重視されている。現時点では，成年後見制度について特別な能力判定機関は設けられてはいない。医師による鑑定や診断，障害者福祉法における判定結果などを考慮して家庭裁判所が判断するシステムがとられている。幾つかの情報を得て家庭裁判所が総合的に判断する現在のシステムは有効と思われる。能力評価でより適切な判断がなされるためには，医師や福祉法上の判定機関の情報だけでなく，当事者の生活実態に関する調査が家庭裁判所により詳細に行われることが前提となる。今後，申し立て件数が増加し，当事者の生活実態が関係者からの聞き取り調査だけで済まされるような事態が生じるならば，専門の能力判定機関の設置も検討されるべきかも

しれない。
　そして，能力判定の重要性と鑑定による負担，これには金銭的な負担と精神的な負担が含まれるが，これらを踏まえ，当事者の能力が適切に把握されるシステムの構築が求められる。鑑定や診察，判定に伴う負担の軽減のため，新たな判定機関の設置だけでなく，主治医からの医学的情報，過去の児童相談所や障害者更生相談所の判定結果，介護保険での要介護認定など個人の能力に関する情報を，当事者のコントロール権を十分に保障した上で活用されるシステムが考えられることが望ましい。当事者の了解の下，守秘義務が課せられている機関間の情報交換が行われることはさほど困難ではないが，どの機関がどのような情報を把握し，当事者の生活にどの程度関わりを持っているのか，自分自身で個人情報がコントロールできない場合，それらの情報を引き出しコントロールできる代理システムも必要となる。後見人が選任されれば当然情報管理も身上監護事務に含まれる。
　次に，被後見人の意思を把握するためのコミュニケーション技法について触れる。被後見人の意思を把握する技術としては，医学や心理学，社会福祉の分野で開発された技術の応用が考えられる。成年後見制度においても，後見人の視点から，意思把握のために幾つかの方法[3]が提案されている。発語が困難な障害者に対する AAC (augmentative and alternative communication)＝拡大・代替コミュニケーション[4]も，コミュニケーション技法の一つである。例えば，絵文字とよばれるピクトグラム，コミュニケーションボードの利用がすすめられている。また，サイン言語も理解できない人たちに対しては，「快－不快」「好－嫌」などの二者択一の意思を表情や身振りで把握できるように選択肢を提供する方法が可能である。ただし，判断能力が低下している人の中には，「はい－いいえ」で問われるとパターン的に「はい」と答えたり，三つ程度の選択肢は理解できても，それ以上の選択肢を情報として認知できない場合があり，選択決定を支援する場合にも，被後見人のコミュニケーション能力を個別に把握する必要があり，専門的な支援技術を利用する場合も増えてくると思われる。
　さらに，表情や身振りによっても意思の表明が困難な場合には，日常

生活の生活習慣を参考に本人の意思を推察していくことが必要となる。当然，被後見人の能力がこの段階にあるのであれば，判断能力を欠く常況と判断され，後見人による代理決定が行われる。ただし，後見人の価値観が入り込みすぎないために，被後見人のコミュニケーション能力が乏しい場合であればあるほど客観的で日常的な情報を収集した上で，意思を推定することが求められる。被後見人の援助を行う関係者は様々である。後見人のほか，家族や施設職員，地域福祉権利擁護事業の生活支援員や生活支援専門員，福祉事務所のケースワーカー，民生委員，近隣の住民などである。本人のことを一番知っているのは家族であり施設職員であるという固定的観念に従うだけでなく，様々な関係者から情報を収集することが，被後見人の意思を正確に推定するためのヒントとなる。

　後見の申立ての段階では，何度も当事者の意思を確認する機会が設けられている。家庭裁判所の調査官などによる当事者との面接の中で，制度に関しての説明がなされ，制度利用等の意思が確認される。自己決定の尊重という視点からこの手続きは極めて重要である。さらに，後見人が選任され後見人による代理決定が可能となってからも，被後見人の判断決定を支援していくために，適切に情報提供をしていく義務を後見人は有している。身上監護事務の重要な内容であり，手紙や電話あるいは人づてによる安否確認のみで済ませるのではなく，コミュニケーション技術を駆使した定期的な面談が行われなければならない。

　一方で，家族が後見人に就任した場合，家族の一員である以上に後見人であることを自覚し日々の関わりを持つことは難しい点もある。その点で，家族としてでなく後見人として関わりが維持されているかどうか，家庭裁判所や後見監督人が監督することは重要である。

　家族が当事者のことを一番理解しているという前提に立つのではなく，家族にも後見人としての役割りと自覚を求めることは当然である。ただしそのためには，家族も利用できるような判断能力が不十分となった人に対する情報提供の方法を説明したマニュアルや，適切な説明ができるような通訳の役割をもつ専門家の養成など，被後見人のおかれている状況や能力に合わせて，情報提供や意思の確認を行うための方法を検討していくことが必要となる。

② 代理決定はいかに行われるべきか

　成年後見制度において自己決定は最大限に尊重されなければならない。しかし，発達障害ゆえに生まれたときから家族の保護下におかれやすい重度の知的障害者の場合では，成人となり親権が消失してからも当たり前のように家族による代理行為がなされてきた。家族による代理決定の問題はこれまでも指摘されている[5]。しかし，このことは，当事者の判断決定を支える援助システムが無かったことが大きな問題であり，家族の代理決定が非難されるものではなく，代理決定のルールやシステムが作られて初めて解決するものである。一定の代理決定のルールの下，後見人が，家族とともに，時には当事者の利益を守るため家族と対立しながらも，意思決定が困難な被後見人に代わって法律行為をすすめていくことは，自己決定を尊重する最後の砦といえる。

　一方で，推定代理や代理決定については慎重な態度で臨むことも重要である。後見人が推定代理を行ったとしても，それすら一種の介入行為であり，被後見人の意思の尊重と介入は相反するものである。必要不可欠な介入として推定代理をとらえることにより，より慎重に被後見人の意思を把握しようという努力がなされるはずである。確かに，被後見人が明らかに誤った判断をしていると考えられる場合に，黙って被後見人の自己決定を眺めているだけでは，身上監護義務を果たしていることにならない。逆に，パタナリスティックに誤りの危険を回避するだけでも被後見人の意思を尊重したことにならない。まず十分な情報の提供や助言を行い被後見人が適切な判断決定ができるよう支援する。そして，被後見人の意思が把握できない場合や，日頃の生活から予測もできないような，明らかに危険を伴う判断を被後見人がしようとしている時には，意思の推定による代理決定が有効となる。

　被後見人の自己決定を尊重する切り札として意思の推定による代理決定が行われる時，本当に被後見人の福祉的配慮がなされているかどうか監視するシステムは重要である。この点で，特に判断能力の低下が重度

の場合，家庭裁判所が法定後見人を直接監督するシステムは今後も維持されるべきである。一方で，後見人が被後見人の意思を適切に推定していくためには，被後見人の日々の生活状況を把握している家族や施設の職員から情報収集することは不可欠である。しかし，万が一にも身近な人間から権利侵害が行われる危険性も想定し，苦情解決やサービス評価のための第三者機関，福祉事務所など自治体の福祉関係者，オンブズパーソンなどの参加による地域における権利擁護システムが公的な責任で整備され，そこへの後見人の関与も積極的に行われるべきと考える。

(1) 『厚生省心身障害研究──心身障害児（者）への情報提供に関する研究』（1995年，主任研究者・松矢勝宏）は知的障害者への情報提供の方法を検討した代表的な研究である。また，知的障害者の当事者団体である「全日本手をつなぐ育成会」も当事者向けの書籍を出版している。当事者向けに福祉制度利用の手引きを作成している自治体も増えている。ただし，ひらがなや図・写真を用いた文書の作成などが主であり，それらのテキストを用いてどのような説明の仕方やコミュニケーションの方法が適当なのか，など検討しなければならない課題も残されている。

(2) 小賀野（小賀野晶一『成年身上監護制度論』信山社，2000年）の割合的能力論は，能力に応じて自ら決断し行動することを認めるということを意味し，自己決定権を基礎におき植物状態から程度の軽い者に至るまで行為能力を量的，割合的に考え，それぞれの能力に応じた行動を段階的に認めるものである。

(3) 平田（平田厚『知的障害者の自己決定権』エンパワメント研究所，2000年）は，「コミュニケーション機能を十分なものにするためにも『意図的道具性』『協約性』の2つの概念による『要求伝達機能』と『yes-no表出機能』を開発することが重要である」と述べている。

(4) 中邑賢龍『AAC入門──拡大・代替コミュニケーションとは』こころリソースブック出版会，1998年などAACに関する出版物，研究発表は多い。

(5) 平田（前掲注3）は，家族による本人の判断代行の妥当性と危険性について述べている。

10 エンパワメント的福祉支援

[池田恵利子]

　これまで日本の禁治産・準禁治産制度においては，財産管理に比して身上監護事項についての成年後見人の職務はあまり認識されておらず，大きなウエイトを占めるものではなかった。しかしそれは，財産と家族のある一般市民の感覚として，従来の福祉等のサービスが，低所得者を対象の中心に置いたものとして，主として施設による生活丸抱えの形をとり行政処分としてなされる措置制度のもとで，親近感を持たれることが少なかったことにも関係する。またその反面として，福祉が一手に抱え込まざるを得なかった身上監護事項そのものに対しても，その重み等に対し理解がされにくかったことにも一因があった。
　今回の成年後見制度の大改正は，超高齢少子社会において家族等による介護が限界を迎え介護の社会化が必要であることが認識されて介護保険制度が創設されたと同様の問題を前提としている。それ故に，その制度において被後見人の生活全体を見通してその生活と人生を決定づける身上監護事項が今後重要となるのは当然と考えられる。
　ここで求められるのは，本来は人として本人の私的生活については本人に決める権利がありその権利の行使は本人によってされるのが一番であるが，そうできなくなった場合，誰が本人に代わって「最善の利益」を理解し代表していくのかについてを想定することである。
　社会福祉や介護等を含む社会サービスの利用について，これまでの措置から移行するにあたって，家族及び社会福祉関係者が身上監護事項としてこれまで「本人のため」として考えその結果を代理代行をせざるを得なかった事柄について，一般市民社会の法である民法の世界で，どうルール化していくのか。「社会福祉法」や「介護保険法」が契約の概念

第4部　今後の成年後見制度改革の視点

を掲げ，これまでの社会福祉を普遍化して一般市民のサービスとしていくという理念実現については，この点が一番のポイントであると言えよう。しかし，実際にはこここそがシステムとして未整備であり意識が改革されていない点でもある。

現在，危機をむかえている金融業界や一般企業においては，法令やルールを遵守することをすすめる"コンプライアンス"が厳しく言われるようになってきた。業界の中での自浄作用が働かず，不祥事が起きてからではなくリスク管理の面からも，地域社会や人権などについて社会のルールにのっとった運営が社会福祉の世界でも大切になってきているのである。

日本でもこれまでのように手続き的にも本人の意思を十分確認尊重することなく福祉の業界の中だけで処理してきた時代は終わらせる必要がある。そのためには権利主体である要援護者本人の権利を明確化し，手続き的にも主体性を持った個人が尊厳を持ってサービス利用できるようなエンパワメントを基本とした支援の基盤整備と意識変革を福祉関係者自らがしていく必要がある。今後の社会福祉は本人である要援護者を主体として位置づけ「どう生きていきたいか」という意思を尊重したものでなくてはならないからである。

しかし現実には自己決定権は，生命や健康の保持等を目的とした「保護」とのバランスにおいて，常に問題をはらんでいる。たとえば以下のような場合にはいかがであろうか。

要援護者である本人の状況としては，痴呆がすすみすでに判断能力の低下が認められ身体的にも栄養状態が悪くまた腎臓機能が低下してきている。散歩にでて帰れなくなりしばしば迷子として警察の保護を受けている。ぼや騒ぎを起こしたりもあるが，初対面の者との対応は見た目しっかりしており問題がないように見える。同居家族もおらず4親等内の血縁も確認できない。施設入居が妥当と近隣や民生委員は考えているが，本人は自宅での生活が可能であると主張している。

私的自治を原則にした利用契約下では，このような場合，私的な身上監護事項の決定（ここでは高齢で身体的にも加齢による障害が出始めている本人について医療・保健・福祉等において適切にどこの，どの様な機関とサ

10 エンパワメント的福祉支援

ービスを利用するか，本人は望んでいないが施設入居が本当に適切な状況か，では本人にとってどの様な環境が望ましいか，それを可能とするにはどの様な調整が必要か，等々）について，①どのような状態の時，②誰がどんな能力をどのように判定し，③誰を代行決定者とし，④どのような権限をどんな範囲で持つことができるのか，について定めたルールが必要である。

このようなルールは，これまで介護を含む社会福祉の分野は家族にその決定をゆだね，頼っていたことと，行政処分の形をとる措置制度のために，なおざりにされて現行法制ではほとんどふれられていないのが現状である。

しかし，これまでもソーシャルワーカーとして日々現実に生身の人間の生活にかかわっている者は，身上監護事項の決定について，自己の責任で緊急事務管理として対応せざるを得ない状況に追い込まれる事を多々経験しており，法律のようにここからここまでは対象外，というようにきれいに線を引けるときは少ないことを身にしみて理解している。またこのような場合，時間的に躊躇している余裕がなく，容赦ない現実に迫られている事が多いのである。

このような現実から考えると，今回の成年後見制度の改正における後見人業務について，医的侵襲だけでなく，居所指定や身体拘束なども，せめてドイツのように裁判所の関与等で決定がされるシステムが望ましかったのではなかったかという現場の実感に基いた疑問が残る。

また，市町村長に申し立て権は認められたが，後見人の地域での受け皿の準備と財政的な問題を含んだ行政の役割が明確化されておらず，これまでの行政処分として福祉利用の要となっていた基礎自治体を中心に，社会福祉制度との関係整理が十分つけられていない。

たとえば，厚労省が2000年度から実施した「成年後見制度利用支援事業」の制度化も，約3300ある自治体のうち初年度に実施を前提に予算化した自治体はわずか5パーセントにとどまっている。現制度は，鑑定等の費用や後見人の報酬等についての基準がなく，行政の中で担当部署も明らかでないまま，被後見人候補者の財政状況を把握して制度利用につなげるだけの見識をもっている者が行政・福祉関係者を含みごくわずか

だという現状がある。
　このような現状を超え，また介護保険等福祉利用の国民への権利保障としても，知的障害者の親の会である「全日本手をつなぐ育成会」等でも要望している，欧米でパブリックガーディアンと称される公的後見人制度の創設が必要であると考えている。
　国民すべてが財産や判断能力の多寡に左右されず，本人の特性と個別性に基づいた介護・福祉サービス等の社会サービスを利用し地域における生活を可能にするためには，身上監護を中心に据えた成年後見制度をシステムとして有効に機能するよう基盤整備し，財政的にバックアップすることが国民への権利保障として最重要な公的役割になってきている。
　欧米諸外国では，身よりのない者や低所得者等の後見利用について社会サービス省等（日本の厚労省に当たる）や自治体等が責任ある関与をしており，制度を利用することが必要であり，その場合どの程度の費用がかかりどの様な効果があるかが関係者に理解され，そのルートが確定している。これは低所得者といえどもできるだけ私的自由の保障がされるのは当然とする国家レベルの理解があるからであろう。我が国においてもこれからは，利用のための手続き援助や費用負担への公的援助等の施策が必要である。

11 弁護士実務からの提言

［中井洋恵］

1. 施行後，立法提言をしていたころには，予想されなかった種々の実務上の問題が持ち上がってきたのである。

2. ひとつは，市町村長申立てのシステムの問題であった。

成年後見制度の利用を必要とする人は，やはり身寄りのない方が多い。本人申立てができる場合は，問題がないが，本人申立ての意思能力も乏しい方については，申立人がいないことになる。

このようなケースを想定して，新制度では市町村長申立てが認められたのであり，これは当然の必要に応じた立法であった。

これについては，立法時に市町村長ではなく，現場の福祉事務所の所長に権限を与えるような立法提言が多数なされたにもかかわらず，結果は，市町村長に権限が付与されることとなった。

そこで，案の定，民生委員が，保健婦が，病院のワーカー，あるいは近隣の者等が，成年後見申立ての必要性ありと考えた場合，市町村のどこへ持ち込めば良いのかが分からず，現場で混乱を生じたのであった。平成12年度は，各自治体においても，現在調整中のところがほとんどで，相談は多数存したが，有効な市町村長申立てをした事案は，大阪府下でも茨木市を初め，数件しか聞き及んでいない（全国的には，市町村長の申立は23件で，全体の0.5％であった。最高裁判所事務総局家庭局の「成年後見関係事件の概況～平成12年4月から平成13年3月～」3頁。以下，「成年後見関係事件の概況」とする。）。

この点，仏造って魂入れずのたとえのようにならないよう，一日も早い，役所内での調整が望まれる。

なお，市町村長申立ては，身寄りがある場合の申立てを躊躇する傾向

第4部 今後の成年後見制度改革の視点

にあるが，後見等開始の適否は，最終的には，家庭裁判所が決めることであるので躊躇せず，当該本人に必要であれば，積極的に，本人の利益のために申し立てることが，本人の福祉に合致するものである。

3. 次に，問題となったのが，やはり経済的な問題であった。

① 前記した市町村長申立ての際，申立費用，鑑定費用等実費のみで，後見の場合，一般的には，十数万円が必要となると思われるが（鑑定費用の平成12年度統計は，5万円を超えて10万円以下のものが最も多く全体の約65％を占めている。『成年後見関係事件の概況』4頁），その費用の予算措置が取られていなかったことである。

平成12年度は窓口の不整備もさることながら，各自治体の回答は予算がないとのことであった。

厚生省（現厚生労働省）においても各都道府県に対して，窓口の設置と予算措置を求める通達が出され，都道府県から市町村にその説明がなされたが（少なくとも，大阪府は市町村に対する説明会を行っているので，他府県も同様であると想像される），遅々として，その対処は進まなかった。

そこで，厚生省が「成年後見制度利用支援事業」を立ち上げ，国・地方公共団体が分担して，介護サービスの利用にあたって，身寄りのない重度の痴呆性高齢者であって，市町村申立てをしたものにつき，申立費用，後見人報酬の一部を負担することとした。しかし，平成13年度においても申立費用の予算化をしたのも，少ない市町村であり，それも痴呆性高齢者，知的障害者，精神障害と区々に予算措置がとられているところもあり，痴呆性高齢者のみというところもある。また，平成13年度は報酬補助などを予算化した市町村は聞き及んでいない。

このように市町村における予算措置が少ないのは，市町村に成年後見制度が介護保険制度と制度の両輪となるものであり，かつ，高齢者・障害者の自立に必要不可欠なもので重要な制度であるとの認識が低いためである。

確かに前述したように，我々も当初は，成年後見制度に対するニーズが実感できずにいた。ところが福祉の現場には，想像を超えるニーズが存在したのである。そして，それらの福祉現場でのニーズは，申立親族

が存する場合より，存しない場合が多くあり，現に私も大阪後見支援センターの法律相談で多数の本制度の相談を受け，その相談の多くは身寄りのない人が対象であったので，「平成12年度は予算が間に合わなかったけれども，平成13年度は予算措置が講じられるので，同年4月になれば各市町村に持ち込んで下さい」とアドバイスしたものも多く存した。

ところが，このような現実に，失望の念は隠せないものである。市町村は現場の声を聞き，申立費用についても報酬補助についても予算化されることを望むものである。なお，予算措置がとられていない市町村でも予備費で市町村長は申立てを行ったところもあるので，必要があれば，予算措置の有無にかかわらず申立てを積極的に行うべきである。

なお，このように予算の問題で多数の申立てができない危惧があるので，本人の財産に求償できないかが問題となる。家事審判法第7条で準用する非訟事件手続法26条によれば，「裁判前ノ手続」及び「裁判ノ告知ノ費用」は事件の申立人の負担であるので，市町村が勝手に本人の財産から申立費用を求償することはできないが，同法第28条では，裁判所は，「特別ノ事情」があるときは，申立人以外の関係人に費用の全部又は一部の負担を，命じることができると定められている。市町村長が申立てを行う場合は，専ら本人の利益のために行うのであるから，家庭裁判所は上記の本人に費用を負担させる命令を出すことが多いと思われるので，本人に財産があるときは，出来るだけ沢山の人に予算を有効に使うために，後見等開始の申立てと同時に，上記申立てもするとよいと思われる。

② また，財産のない人にも，成年後見制度は利用されるべきである。

すなわち，財産なくとも，日常の生活費の中で，経済活動を行うことになるし，介護保険の導入により，介護サービスの利用は契約によることになり，かつ，そのサービスをきちんと受けられているかの見守りは必要となる。

成年後見制度利用支援事業が受けられる者は限られているし，同事業からの報酬は，弁護士，司法書士，社会福祉士などが業務としての後見人等になるのに十分なものではない。

その結果として，上記の業務者がボランティアで，後見人等を引き受

けることとなり，何件か大阪弁護士会も上記のようなケースにつき，家庭裁判所の求めで後見人等を推薦したが，やはり，多数の者に成年後見制度を利用させるにはいずれ無理が生じ，制度の継続的運用も困難となるものである。

これに対する対応として，2つのものが考えられる。

1つには廉価で後見事務等を実施する団体の設立である。介護保険制度を施行した以上，判断能力が減少・喪失しているに人には支援しなければ，契約が締結できないので，同介護保険制度と成年後見制度は両輪として，国又は地方公共団体は，このような団体を設立する義務があると考える。

なお，上記成年後見制度利用支援事業は，「廉価で後見事務等を実施する団体の紹介」との記載があるが，紹介のみならず設立を希望するものである。ただし，いかなる団体がその供給源になるか，そして具体的な担当者はどのような者がなるか，また，不幸にも不祥事が生じたとき，単に後見人個人の責任のみであり，供給団体は単なる養成及び紹介先にすぎないとするのかなど種々の問題が残る。

2つめは，後見人等の報酬の補助である。上記制度の枠を広げるとともに，その金額がある程度，仕事に見合うものとなることを求めるものである。

4. そして，次の問題は，後見人等の判断の問題である。

① 後見人の判断の基準と相談窓口の創設　後見人は本人に代わって判断するのであるから，その責任は重大である。

弁護士は原則として，どの業務も顧客の意思に従って遂行すればよいのであるから，その点よるべきところはあるが，成年後見制度においては，本人への相談が困難なときが往々にしてある。自分のことであれば，ある程度のリスクを覚悟で好きな方向を選択することができるが，後見事務等は他人の事務である。

原則として，本人意思が重んじられるべきであるが，前述したように，本人の状況により，そのとき，本人の意思確認が困難なときはどうすればよいのであろうか。後見人に選任された者は，一度は悩む場面である。

選択肢は1つではないとき，いずれも一長一短があるときもあり，判

断に迷うのである。

　このような場合，本人の回りの人間の意見も聴取しつつ，従前の本人の状況を調査するなどして，本人であればどのように望むであろうかを模索して判断するのがあるべき後見事務等ではないかと思われる。

　業務者が後見人等になるとき，親族等が後見人等になるときといろんな形があると思われるが，いずれにしても，1人の後見人が判断するには大変な場面も生じるのである。その場合，複数後見人の選任も考えられる。しかし，費用の点からも，多くの事案については，複数後見人は困難な場合が多いと思われる。

　なお，最高裁判所事務総局家庭局「複数成年後見人等の選任事例等（平成12年4月から平成13年3月）」では，複数成年後見人等が選任された事例は108件（制度施行後申し立てられた事件），複数の親族から複数の成年後見人等を選任している事例は62％（68件），弁護士・司法書士等の専門家を含んで選任している事例は38％（45件）（この合計110件は，制度施行前に申し立てられたものも含め，内部把握できた事例を対象としている）としている。

　及ばずながら，弁護士も，裁判所ほど常に，最終的な判断をしているわけではないが，倒産会社に関わる管財人などとして，また，依頼者の意思形成を導くためにある程度，先に判断をする必要があることから，いつも多くの材料を整理して，客観的に，判断をすることを業務としている。そして，家庭裁判所が，全ての事柄を判断することは不可能であるので，成年後見制度において，我々弁護士に期待を寄せられる役割は，多方面の意見を総合して，客観的な判断を行うことであると考えられる。

　いずれにしても，家庭裁判所の後見監督事務として，相談を受け入れる体制，すなわち，窓口を求めるものである。最終的な判断は法的に後見人等の権限であったとしても，後見監督事務としてそれに関われる権限を家庭裁判所は有しており，さらに，種々の材料を持って，判断をするということは本来の裁判所の得意（職務）とするところであるので，家庭裁判所において，そのような機能を持つことにより，よりよい成年後見制度の運用が行われるものである。

　② 後見人の職務と身上監護の問題　　そして，後見人等の判断が福

祉の問題に関わるようなときである。後見人の職務が高齢者・障害者に関するものであり、身上監護に対する配慮義務を負う以上避けて通れない問題である。

本人が在宅を希望する場合、どのような介護サービスを受けられるのか、そもそも、在宅が可能なのか、現在行われている介護サービスは適正であるのか、施設の処遇は適正であるのか、老人保健施設から退所後、どこへ行くのか、精神病院退院後の生活場所など、極めて専門性があり、福祉の素人には、判断できない問題である。

このような問題について、もちろん現在、本人の属する市町村の窓口や、施設のソーシャルワーカーに相談するのが最初であろうが、それだけでは、求める答えが得られにくいときが多い。そこで、簡単に相談できる、また、そのような問題に対しての解答やコーディネートなどがしてもらえる福祉の専門家（もちろん、有効な相談を求めるのであるから、有料でなされるべきであると考える。）の窓口が切に求められるものである。

高村浩弁護士は、新井誠編『成年後見』（有斐閣）の「法定後見と弁護士の役割」の中の「弁護士の適格性」の項（315、316頁）で、弁護士であったとしても、後見人の身上監護の職務を遂行することの国民のニーズがあると書かれている。平成12年度の申立ての動機については、財産管理処分が主な動機とするものが、多く（「成年後見関係事件の概況」3頁。遺産分割協議も含めれば、相当な割合となると思われる。）、それゆえ、弁護士が後見人等に選任されたケースも多いと思われる[1]。しかし、後見等人の職務は、財産処分をすれば終わりになるというものでもない。処分後も、被後見人等の生活は継続されるのである。財産処分後、遺産分割協議後、または財産管理中、当然、被後見人等の身上監護は問題となるのであり、それに目を背けていたのでは、業務を遂行したことにはならない。従って、弁護士が後見人等に選任された場合でも、身上監護への関わりは免責されないのである。そして、21世紀の弁護士は従来の財産管理業務にとまらず、高村弁護士が書かれるように、国民のニーズにあった業務を遂行していくことが、まさに必要となるものである。弁護士は、確かに現在、財産管理以外を苦手とする部分があるが、弁護士

人口が大幅に増員され，福祉弁護士を名乗る者も出現しているので，21世紀の弁護士業務は様変りし，多様化するなどして，国民のニーズに適合していくものと思われる。

しかし，このような職務の遂行も，前述したような福祉の専門家や行政の支援があって初めて可能になるものである。

③ 家庭裁判所の関係機関調整機能　なお，このような福祉の専門的な問題についても，前記①で述べたように，家庭裁判所が関係機関を調整することにより，有効な成年後見制度となるものである。

日本弁護士連合会発行の「自由と正義」(2001年10月号) においては，離婚調停が申し立てられたケースで，成年後見事案ではないが，「病理を持つ当事者への援助」と題して，長野家庭裁判所飯田支部山田仁子主任調査官の，ある事案に家庭裁判所の調査官である同氏が関与して，関係機関（市役所障害福祉課，児童相談所，医師等）や関係者を調整し，多いに成果を得られた報告がある。

これは夫が申し立てた離婚調停事件につき，妻側に精神的な障害が原因となっていたもので，子らに対する虐待の危険も伴う状況であった。そこで，同調査官は夫や妻の父母・兄弟を調査するとともに，市の障害福祉課，児童相談所，医療機関，保育園などを調整するなどにより，関係機関が本格的に動き出し，親族が調査や調停などにおける説得により協力的になり，結末は離婚調停が取り下げられ，夫が妻に優しくなり，妻の表情も明るくなったなど，子らの通う保育園が「専門機関がかかわると，どうにもならんと思っていたケースが驚くような変化を見せるのですね」と喜びの声を寄せるほど，家庭裁判所の調停機能が有効に働いたものである。

同号に東京経済大学教授で弁護士の守屋克彦氏が「家庭裁判所の役割と課題」の論稿において，家庭裁判所調査官は，デスク・ワーカーになりがちであるが，地域社会に根を下ろしたケース・ワーカーとしての専門性を強化させるための工夫が必要である旨述べられ，また，同じ号で，古口章弁護士も，「家庭裁判所改革の課題」の論稿で家庭裁判所に期待するのは関係機関との連携である旨述べられているが，まさに，上記の山田調査官の報告は，家庭裁判所調査官がケース・ワーカーとして機能

を発揮し，関係機関および関係者を調整して，その関係機関の機能の発揮を十分促し，本来，家庭裁判所に期待される役割を果たされた事案である。

このように，成年後見制度においても，家庭裁判所が，関係機関等の調整に努めることが必要であり，その際，もし窓口の対応に物足りないものがあれば，関係機関連絡会議での協議や裁判所による研修など，その啓蒙に努めるべきであると考える。

すなわち，本制度は，人間1人の生活に丸ごと関わる制度であるので，多方面の分野が関係することを必要とする。その多種な社会資源を連携させるのは，もちろん成年後見人等にも求められるものではあるが，一個人には限界があり，ましてや成年後見人等に選任される大半のケースは親族であるので，それらの者に期待することは困難なケースも多いと思われる。したがって，やはり，成年後見人等の選任・解任，監督権限を有する家庭裁判所が中心となった調整が必要であり，また家庭裁判所には，精神科技官等の専門家もいるので同者を大いに活用し，同所を核として，日々のケースワークから生まれるネットワークができれば，同制度の運用も，より有効なものとなるのである。

④　さらに，判断で問題となるのが，今回の制度では触れられなかった医療行為の同意の問題である。

医療についての同意を本人や家族からとることが，日常的に医療の現場で行われている。後見人等に選任された者の中には，現場において，インフルエンザの注射の同意から（なお，法定の予防接種については，後見人は，定期予防接種又は臨時の予防接種を受けさせるため必要な措置を講ずるよう努めなければならないと規定する。予防接種法第8条2項)，生命維持装置の設置等の延命治療の選択まで，求められた例がある。

果たして，法的にこのような同意を必要とするのか，それは後見人等の職務の範囲かなどの問題は多く，現行法上はこのような医的侵襲行為への同意権は一切認められないとされている[2]。

しかし，現場では，このような同意が突きつけられ，その回答を回避できない状況に追いつめられているのであり，かつ，本人に判断能力がなければ，誰かが代わって判断しなければならないのである。

しかし，この点を一後見人の判断に任せる（押し付ける）のは，余りにも酷である。
　従って，まずは，医療の分野も巻き込んで，現在医療の現場で何でもかんでも同意を取り付けられる現状を整理し，実務上現在，同意を求められている事項につき，医師の専門的判断事項なのか，本人（もしくは法定代理人）の自己決定の範疇なのか，はたまた自己決定をなしえない分野なのかにつき，きちんと区別をするとともに，本人の自己決定の分野につき，本人に判断能力がない場合は，誰が決定をするかを明らかにする必要がある。
　しかし，究極的には，本人に判断能力がない場合，本人の能力があるうちに，格別の意思表示をしていた場合を除き，やはり，生命に関わる事柄には，一後見人が他人に代わって判断するのではなく，裁判所の関わりが，必要と考えるものである。
　いずれにしても，以上のような現場の混乱がある以上，多くの議論と適正な立法を必要とするものである。

(1) 実践成年後見№1（責任編集（社）成年後見センター・リーガルサポート）弁護士秦悟志「成年後見制度における法律実務家の役割」における後見事務遂行における役割の項で，弁護士の素養や役割が論じられている。
(2) 実践成年後見№2（責任編集（社）成年後見センター・リーガルサポート）73～92頁に佐賀大学助教授上山泰「成年後見人等による死の代行決定に関する覚書」はきちんと分類して論じられ，医的侵襲行為の同意権のない現行法の下での後見人のとるべき義務は，「治療方針の判断材料に関する情報集約義務および情報提供義務」，診療契約の締結や入院契約にあたって，尊厳死への対応表明をしている医療機関を優先的に選択する義務である「本人意思尊重義務の帰結としての医療機関選択義務」，上記リビング・ウィルに応接してくれる別の医療機関へと転医させる「本人意思尊重義務の帰結としての転医実施義務」を挙げられる。実務上大いに参考になる提言である。

12 成年後見法の展望

[小賀野晶一]

1 はじめに

　成年後見法（以下「新法」ともいう）は，旧禁治産・準禁治産制度における財産管理の内容を改善するものとして十分に評価されるべきであるが，この制度が地域において発展するためには次への課題をみいだすことが必要である。

　本書において先に成年後見制度改革の意義について述べたが，そこから今後の「改革の視点」を導きだすことができる。すなわち，人々が地域のなかで尊厳をもって生活し，生命をまっとうするためのしくみを構築するために，弱者保護の視点に立ち身上監護アプローチからの改革が進められるべきである[1]。以下，直接には実定法としての成年後見法ではなく，より上位の法としての成年後見法を対象にし，そのあり方を展望する。

2 私的規範の濃密化

　身上監護アプローチからの改革の基礎となるべき規範は，「私的規範の濃密化」である。「私的規範の濃密化」とは，本テーマについては介護問題における支援の私的関係において，家族及び第三者・地域が実質的に関与しなければならないことを意味する。以下にその趣旨を敷衍し

よう。

　成年後見法，介護保険法，社会福祉法などが成立し，21世紀の社会及び生活を方向づける，新しい福祉や権利擁護のあり方が示されている。本テーマについて弱者保護を実質的に進めるためには，地域における規範が明確でなければならない。かかる規範は，地域の私的秩序となり，さらに公序となり得るものである。

　「濃密化」は，本人の意思を尊重し，自由を基調とするものであり，干渉を排除する（制度の発動に際して本人の同意を求める補助の規定（14条2項）は参考になる）。

　ところで，民法と福祉法との関係については，市民法としての民法，社会法としての福祉法という見方が一般的であろう。この場合，福祉法は民法の修正としての意味が与えられる。しかし，伝統的福祉法における「措置」は公法としての要素を有するから，民法と福祉法とはそれぞれ私法と公法としてとらえることもできる[2]。そして，このような見方は，先の見方とは違った規範のあり方を考えさせる。今日，福祉法では社会福祉基礎構造改革に伴い社会福祉の現代化が進められ，「措置から契約へ」の移行がみられる。つまり，そこに公法から私法への接近を認めることができる。これを受け，民法からも，近代法の契約自由原則（及びその修正）の現代化について考察すべきではないか。介護問題における規範のあり方としては，福祉法の考え方を民法にとりこみ，「私法としての民法・福祉法」を追求すべきである。そこから，新しい私法秩序が築きあげられるであろう。この問題について，もしも民法から福祉法への接近を拒否することがあれば，民法は地域から絶縁宣告を受けるであろう。民法と福祉法の各役割の違いは認められなければならないが，伝統的な役割分担を改め時代の要請に応えることが必要である。

　従来からの救済制度の機能を身上監護アプローチから吟味すると，要援助状態にありながら必ずしも十分に救済することができなかったり，救済の対象外とされてしまう場合が生じ得た。また，例えば要援助者が事故等により被害者となった事例のうちには，被害を回避，軽減することができたのではないかと思われるものもある。もちろん，それを実証することは困難であり，結果から語ることは容易でもあるが，私法秩序

のあり方を明らかにするためにはそのようなブラックゾーンやグレーゾーンが存在していることを直視し，支援の主体・客体・内容のそれぞれを充実させるべきである。そして，そこでは財産管理は身上監護の目的のために機能しなければならない。社会福祉は，複数の法分野（各論）[3]のもとに別個の施策等が進められているが，それら全体の基礎となるしくみとして，身上監護が必要であり，身上監護を支えるものとして財産管理が必要となる。かかるしくみは，国レベルのものと，地域レベルのものとが考えられる。

以上のように介護問題において「私的規範の濃密化」を図ることは，今日における私法の存在意義を明らかにするものといえよう。

3　身上監護アプローチの目標

(1) 生活支援の視点に立脚すること

成年後見による支援は，生活を支援するものでなければならない。これは，人間の生存や生活そのものに価値があることを直視している[4]。

新法は，精神的能力である事理弁識能力だけを基準にして救済の客体を決定する。また，減退の程度を後見・保佐・補助に三類型化する。これは財産管理については一定の合理性を有するが，身上監護の需要に十分に応えるものではない。身上監護では，精神上の障害に限る必要はないし，個別，具体的な救済が要求されるからである。福祉・保健・医療の要援助者は，個別，具体的にサービスを受けている。成年後見法による支援も，そのようなサービスと密接に関連することが望ましい。

以上のように，身上監護能力減退の程度と新法の三類型とは対応しておらず，類型論には限界がある。生活の支援は財産管理を含め総合的に推進されるべきであり，そのためにきめ細かい基準が必要である。先行して経験を重ねる，介護保険における要介護認定（基準）とそこでの課題を参考にすることができるであろう。

要点は，地域において期待が高まっている福祉サービス利用援助事業をどのように位置づけるかである。この事業は，福祉サービスの利用が

困難な者を対象にする。ただし，契約締結能力を有しなければならず，その能力が減退すれば成年後見の対象となる。同事業の内容については，成年後見と重複しないように注意が払われている（ただし，例えば東京都の検討ではこの事業と保佐・補助との重複を可能とみているようにみえる[5]）。このことについては，運用にあたって両制度の棲み分けがうまくいくかどうかが必ずしも定かでない。また，そもそもかかる棲み分けが必要なのか，なぜ福祉サービス利用援助事業が必要とされたのか（制度のあり方としては成年後見法が担うべきではなかったのか）などについて，成年後見法の課題として受けとめられるべきである。

　改革によって生活支援を重視するとなると，財産管理の場合と比べて支援の客体は格段に広がるであろう（介護保険を参照）。それに伴い，支援の主体についても十分に手当することが必要である。機能として，関係する専門家・専門家団体間の関係，及び，それらと家族・地域との関係が緊密化することが考えられる。

(2) 財産管理至上主義を克服すること

① **財産管理にあたっての身上配慮義務を具体化する**　新法によって導入された身上配慮義務（858条等）については，その性質を有力説のように努力義務と解すると，「本人の身上」に配慮しない財産管理行為が行われた場合でも，そこから具体的効果を導くことができない。身上配慮義務が有する重要性を考えると，身上配慮義務に反する財産管理行為が行われた場合には何らかの具体的効果が付与されるべきである。

　これに加え，民法の信義則（1条2項），権利濫用禁止（1条3項），公序良俗（90条）等の規定を解釈・運用するにあたっては，新法における身上配慮義務導入の趣旨を浸透させることも必要である。身上配慮義務が具体的義務となれば，信義則，公序良俗等の規定を用いずに，直ちに一定の効果を導くことができる。また，信義則，公序良俗等の規定の解釈に重要な影響を及ぼすことも考えられる。それらの場合，例えばその法律行為が無効となるかどうかは，一律ではなく，身上配慮義務違反とされた行為の性質，内容等を吟味する必要がある。

② **取引安全偏重を改める**　民法解釈における取引安全偏重の傾向

については，民法学の課題として指摘されてきた[6]。

旧行為無能力者制度は，取引安全の原則をやや後退させても，行為無能力者（禁治産者，準禁治産者。未成年者も同様）を厚く保護した。すなわち，行為無能力者を画一的に定めることにより取引安全に一定の配慮を示しつつ，この制度は取引安全重視の原則からは例外的なものと位置づけられた。このような考え方は基本的には，新法の制限能力者制度（成年後見制度）においても変わらない。

しかし，個人の尊重，生活の複雑化・多様化や，権利意識の向上など，近時の法をとりまく諸事情を考慮すると，「ゼロか百か」の効果しか導かれない基準では柔軟かつ適切な処理を困難にする。取引安全に絶対的価値をおく従来の考え方も同様ではないか。身上配慮義務違反と取引安全との関係については，物権法制が有する画一性や厳格性を考慮しつつも，個別利益を考慮した弾力的処理を図るべきであろう。この点，制度論については当面は議論の成熟を期すこととし，現行制度の運用上の留意点としなければならない。とりわけ，財産管理の実務に専門的に関与する弁護士（会），司法書士（会）及び金融実務界の理解が必要となろう。

(3) 多くの人々に進んで利用されること

成年後見制度については，普及のための努力を継続し，利用の一層の拡大がめざされるべきである。公表された成年後見の利用状況（最高裁判所家庭局）のうち件数をみると，旧制度と比べて若干の増加傾向にあることがうかがえるが，例えば介護保険の利用数と単純に比べると微々たるものである。一般に，制度はそれが存置されていること自体にも価値が認められるものがある（例えば情報公開，裁判，裁判外紛争処理などの制度がある）が，他方，当然のことながら，利用されなければ価値がないものもあり，とりわけ成年後見制度は後者に属するものといえよう（禁治産制度改正の理由の一つに，利用されなかったことが挙げられている）。

そこで，利用のし易さを，しくみのあり方の問題として検討することも必要である。

第1，新法が導入した任意後見制度は，後日の事理弁識能力減退を受

けての任意後見監督人の選任を，契約発効の停止条件としているが，どのように評価すべきか。このしくみは新法のなかでも注目され革新的と評されるべきものであるが，課題もありそうである。すなわち，契約の締結後，発効すなわち停止条件が成就するまでに，数年ないし十数年という期間が経過することが考えられるが，この間に本人の内と外の状況が変化することがある。変化に応じて契約の内容を適宜変更することができればよいが，とりわけ身上監護については煩雑になろう。また，能力が減退せず任意後見の支援を必要としなかったということもあり得るが，当事者がこの間の費用の支出を安心料（一種の保険料）として受けとめることができるかどうかは微妙であろう（そのように受けとめて欲しいと思う）。考え方としては，契約締結時から何らかの支援が始められるようなしくみにすることも考えられる。つまり，現に不都合を感じている者が契約締結時からその不都合を解消することができるようにする。かかる不都合には，精神的なものにとどまらず，身体的なものも含まれるべきであろう。もちろん，将来の不都合にも対応する。精神，身体ともに含め，効力が継続する，ゆるやかな持続的身上監護制度というべきものである。なお，現行法のもとでも，任意後見契約とは別の契約を締結し契約時から発効させることは可能である（いわゆる即時発効型。身上監護と財産管理のくみあわせも可能で，現に行われている）が，二本立ては実際には煩雑ではないか。しくみのあり方としても，身上監護の理念のもとに支援の内容が統一的に定められるべきであろう。

　第2，制度が広範に利用されないとしたら，その根本的理由として成年後見が財産管理型として構築されたことを掲げなければならない。成年後見は，福祉サービス利用援助事業及び介護保険との連関を強め，身上監護のためのしくみとして再編することによって，現行とは比較にならないほどに利用を拡大することが可能となろう。これは身上監護サービスの拡大であるが，同時に財産管理サービスの拡大でもあろう。弁護士，司法書士，社会福祉士など関係する専門家・専門家団体の活動量も当然に増大しなければならない。そのことが，地域の人々の福祉に沿うことになる。なお，かかる視点は，社会のあり方，まちづくりのあり方としても参考になる。

以上は，新制度の今後の運用状況をみなければならない面があるが，指摘しておかなければならない論点であろう。

4　システム化に向けて

本テーマに関連して，例えば福祉の状況をみると，国によってさまざまな内容と形式のものが追求されている(7)。保健，医療についても同様である。当然のことながら，制度はそれぞれの実情に即して構築し，運用されるべきである。成年後見に係る支援のしくみを構想するにあたり，それを福祉・保健・医療と密接に関連するものとしてとらえるときは，日本及び日本の各地域に適合した支援のあり方が追求されなければならない。

成年後見と公的介護保険とは車の両輪をなすものといわれるが，相互の連携は現状では不十分である。誰もが安心することのできる支援を進めるために，身上監護アプローチから今後の制度論上の方向を展望することが有益である。総合的，実質的に連携するための基礎となるべきは，身上監護のしくみであり機能である。生活支援を進めるために，国レベルの諸制度を基礎に，地域において具体化すべきである。これを制度（＝しくみ）の機能に着目して表現すると，「地域レベルでのシステム化」と称することができるであろう。

(1) 本書は，筆者（小賀野）にとっては，成年身上監護制度に関する考え方(拙著『成年身上監護制度論――日本法制における権利保障と成年後見法の展望』（信山社，2000年））を，地域，すなわち社会福祉実務及び成年後見実務の世界に提案するために，それぞれの専門家とともに整理したものといえる。
(2) 社会保障法等の法律を公私混合法と称することは示唆深いものがある。五十嵐清『法学入門（新版）』48頁（一粒社，2001年）参照。
(3) 佐藤進『社会保障の法体系（全）』（勁草書房，1990年），佐藤進編『高齢社会の法律』（早稲田大学出版部，1997年），法律文化社から刊行された日本社会保障法学会編『講座・社会保障法』（全6巻）（2001年），『社会福祉小六法』（ミネルヴァ書房）などを参照。

(4) 権利擁護研究会編『ソーシャルワークと権利擁護』（中央法規，2001年）参照。同書は池田恵利子氏ほか社会福祉士（計5名）を中心に，弁護士と行政官（各1名）が執筆している。
(5) 「区市町村を中心とする福祉サービス利用援助事業の構築に向けて（平成13年度ワーキング中間のまとめ）」（東京都契約支援に関する検討会，2001年9月）参照。
(6) 米倉明『法学・法学教育』137頁－138頁（新青出版，2000年）（初出：「〔特別講義〕民法典100年の光と影（その2）」法学教室233号55頁以下（2000年））参照。
(7) 東京大学出版会から刊行された『先進諸国の社会保障』（全7巻）（1999年）などを参照。

13 新しいシステムの提案

［池田恵利子］

1 地域における生活と権利を護るシステムへの提案

(1) システムの枠組みの整理

　身上監護事項を中心に据え，本人の主体的な生き方をサポートしていく地域での具体的なシステムを考察するに当たり，あるべきシステムの枠組みを整理したい。
　しかし，まずその前に整備されなくてはならない前提条件として，以下のことをあげなくてはならない。
・福祉や介護等のサービスの総量確保と質の担保，
・所得保障（入りやすく出やすい所得保障，かつ，世帯ではなく個人が単位の生活保護制度が必要）
・社会サービス全体の整備（運輸関係でのバリアフリーや居住，安全など）

　a　消費者保護の制度基盤整備
　これらの前提の上に，要援護者（利用者）が主体的な契約ができるようサービス提供者から独立した援助のしくみと人材確保が必要であり，一般的な消費者としての市民への支援として，事業者や行政の説明責任が果たされ，サービス評価，情報公開，中立的助言，総合相談窓口の設置，苦情対応システムなどの整備が必要である。
　b　契約弱者に対する対人援助（福祉的支援）
　しかし上記だけでは不十分で，契約弱者は主体的な利用につながりに

13 新しいシステムの提案

くい。また，制度間の隙間に落ちてしまう者もでてくる。故に，エンパワメント的な関わりをする福祉サイドの対人支援（アシスティブアドカシー）の整備が，地域で主体的に生きていこうとする者の支えとして不可欠であり，その支援には以下の三つの条件がある。

① 要支援者の生活の場まで・ア・ウ・ト・リ・ー・チ（出前）すること。
② 基本的に生活全体への・包・括・的・全・体・的・生・活・支・援ができるような視点と能力を有すること。
③ 組織としてサービス事業者側でない独立した・立・場で，権利擁護（アドボカシー）についての基本的考え方や知識，技術の研修を受けているソーシャルワーカーによって，指導や監督ではない・エ・ン・パ・ワ・メ・ン・ト・的・な・支・援（アシスティブ・アドボカシー）がなされること。

この段階の福祉サイドの支援としては，現段階では，制度的に限界はあるが，高齢者分野と介護保険の介護支援専門家（ケア・マネジャー），障害分野では地域療育等支援事業のコーディネーターによる支援があげられる。これらをへて後，それでも自己決定できない部分に対し最後に準備されるのが次の「c 成年後見制度による支援」である。

c 成年後見制度による支援

最終的な手段として，司法の参加を経て代行決定ルールに従い成年後見支援につながる。身上監護事項に十分本人の「最善の利益」を考え代理しうる成年後見人を得ることができれば，ここから先は一般市民と同様に「個人」の権利や財産はその個人によって護られ，何ら区別されることはない。この考え方は欧米諸外国の先進例でも述べたが，人権を守る基本的な考え方である。

現実の日本の制度としては，上記②の部分で契約弱者に対し社会福祉法に基づいて「福祉サービス利用援助事業」がある。しかしこの事業は東京都の検討会の指摘にもあるように，福祉との関係でその本人の生き方を左右する身上監護を中心に据えるには，これまでの福祉制度との関係において要となってきた基礎自治体との関係が十分に整理されていない。また上記で必要3条件としてあげた①の「生活を営んでいるところへ出かけていくアウトリーチ」は基本としてされているものの，②の

第5部 望まれる後見システムのあり方

「全体的生活支援」としてはサービスが限定的であり、また機関によってはその連携能力（ケアマネジメントと言っても良い）が十分でなく、在宅生活を支える困難さに突き当たっている。また、③についてはあらためてこの事業を行う組織と人材について社会福祉協議会自身がその専門性と組織のあり方を問われている。

(2) 地域におけるシステムの模索

成年後見制度を権利擁護として位置づける視点で整理し模索しているのは、日本社会福祉士会の「ぱあとなあ」の他には、横浜市の「あんしんセンター」、大阪府社会福祉協議会の「あいあいネット」、島根県のNPO「コンティゴ島根」などである。

また、東京都の契約支援の検討会の流れに沿うモデル地区として、品川区、杉並区、調布市、八王子市等でも意識的に取り組みを始めている。

他に自治体としてではないが、やはりこれまで述べてきたような福祉的支援がまずあり、本人の主体性を意識した視点をもって成年後見制度の利用までを明確に視野に入れた実践例として、社会福祉士の個人開業者の取り組みである大阪「たむらソーシャルネット」、大分県のNPO「大分あんしんネット」、最近NPOを取得した神奈川県の「湘南オンブズマン」等があげられる。

このような機関は地域で一つしかないよりは、得意分野や守備範囲を明確にした専門職団体型、地域密着型等、重層的に存在することは好ましいことだと考えている。

しかしまずは、地域福祉の一環として、基幹になる最低限一つの権利擁護機関は各基礎自治体において整備され住民・福祉関係者・民生委員・保健所や福祉事務所等自治体によってニーズの発見から通報連携の要として存在し利用されることが必要である。

そういった意味から、ここでは具体化のために特に横浜市のシステムを参考に考えたい。

1996年1月に横浜市は横浜市高齢者・障害者の権利擁護に関する検討委員会を設置し1998年3月に最終報告書をまとめた。この報告書に基づき、1998年の10月に横浜市が財源と市の職員を送り込み、横浜市社会福

祉協議会に業務委託という形式で，横浜生活あんしんセンターが発足された。

この機関の特徴としては，サービス提供の視点が見守り等を含んだ身上監護事項の重要性を理解し，ソーシャルワーク的な関わりをしようとしていることである。

具体的に言えば，第一に，初期相談を重要視しあくまでも本人の生活支援・調整の一環として財産保全，定期訪問，金銭管理サービスを提供しており，利用者本人に対する見守り（定期訪問，安否確認，福祉保健サービスの導入や提供状況の確認）機能を重視している点。第2に，意思能力のある利用者についてはサービス契約につなげる外，虐待が発見された場合は，ケースワーク的関与によって問題解決に向けた調整を行う点である。

また，利用者が契約能力を失うと代理権も消滅するという解釈に立脚しながらも，サービス契約に特約をつけ，利用者が意思能力を喪失後も，能力判定審査会，業務監督審査会という第三者機関がサービス契約による安心センターの権限濫用を防止しうる体制を構築した上で，引き続きサービスの提供を持続できるように現実的な対応をとっている。

横浜生活あんしんセンターの実績としては，2000年3月末現在で全サービス契約が177件に上り，この数字は地域権利擁護事業の全国の契約件数が2001年3月末までの1年半で2055件であることを考えれば，いかに大きい数字であるか理解できる。

あんしんセンターがこのように実績をあげている理由は，一つには横浜市は二十数年来福祉職採用を続けており，それらの者達が自分たちの活動の中で使えるツールの一つとしてあんしんセンターを連絡先連携先として意識していることがあげられる。これには横浜市があんしんセンターの広報啓発に大変意欲的だったことも大きな影響を与えている。

また，二つ目にはそれらの連絡先として機能する内容と能力が備わっていたことである。先に述べたように，いかに広報がされ知られても，市民や福祉関係者から実際に相談があったとき役立たなければ利用されなくなる。連絡はしてみても，その内容とそれを処理する人材の能力が信頼に足らないものであれば，やはり利用されなくなる。その点横浜市

では，あんしんセンターの開設に当たり，初回面接や訪問には成年後見の研修を受講している社会福祉士を複数採用してあたらせるなどの努力と理解を当初から見せていた。また，2000年の成年後見法の施行後は，同法に準拠したものに拡充し，一体的な支援をめざしさらなるニーズに対応できるように「法人後見業務の実施に向けて」とした報告書を2000年1月にまとめている。この報告書では，法人後見業務をあんしんセンターが担い，市町村長の申し立てで他に適切な後見人がいない場合あんしんセンターが法定後見人として就任し機能できることをめざしている。最後の砦と言われる欧米のガーディアンやパブリックガーディアンについては日本での検討がまだされていないが，これが機能すればそれまでのあいだ実質的に代替的役割をはたすことが期待できる。

(3) 地域におけるシステム構築への示唆

以上みてきた地域システムの構築には幾つか不可欠な条件がある。それをまず整理する。

① 位置づけ
- 信頼性と手続きの公開性を問われることを前提に，サービス事業者からの独立性を保ち，利用者の権利擁護に当たり成年後見制度等に関われる体制が整備されている。
- 地域福祉の一環として位置づけられ，住民，福祉関係者，民生委員，自治体職員等からの連絡通報先として機能することができる。
- 最初から明確に成年後見を視野に入れた一体的援助ができる。

② 対象者
- 合理的な判断能力を持ち自己決定，自己責任が求められる時代にあって，判断能力，意思能力，身体能力が低下した者であっても，安心して地域で個別的な生活を継続できる支援を可能とすることを目的とする。
- 厚生労働省では，福祉サービス利用援助事業として地域福祉権利擁護事業を創設したが，この事業では意思能力を喪失した者への支援と対応が十分できない。故に本人の将来につながる成年後見制度との一体的な運用が可能となる仕組みとする必要がある。

13 新しいシステムの提案

- また，障害者も支援費支給方式に移行することもあり，身体能力の低下した者に対しても適切な支援が必要になり，その対象に含めることを検討しなければならない。

③ 支援内容
- 一般サービスの場合（ホームヘルプ等）はその利用契約を援助するなどのコーディネイト及びケアマネジメント的な関わりが中心になる。
- 重要なのは生活の不安についての専門相談を通して，本人の全体的な生活を護る支援として一貫して行う以下の活動である（これらは虐待等があるときにも有効な支援である）。

  医療や福祉や介護のサービスの利用についての援助（後見業務としては，介護サービスの契約や施設入所契約，そこでの処遇のあり方についての関与等が含まれる），住居の確保や維持，財産や金銭の保全や管理，そのための定期的かつ必要に応じての訪問や見守り活動等身上監護事項への関与。

④ 人材の確保
- 守秘義務を負い倫理綱領と罰則規定をもつ専門職として，権利擁護とエンパワメントの研修を受講する等，権利擁護の対人援助（アシスティブアドボカシー）を行える人材が確保されること。

⑤ 機　　能
- 実践活動の実効をあげるため，警察，医療機関，福祉事務所，保健所，家庭裁判所等多くの機関及び弁護士会，司法書士会等の各種専門職等様々な社会資源をネットワークし，それらとの連絡，連携，調整機能をも担う効果的な仕組みとなることが求められる。

⑥ 受け皿と組織
- これらの条件を満たし，できるだけ寄付等に頼らない安定した運用のための財源と対人社会サービスを担える人材を確保をするためには，結論的に言えば，その整備に自治体が全面的に関与すべきであると考える。

⑦ 現実的な制度との関連と実施主体
- 現実的には，社会福祉制度利用との関連を考慮に入れ，人と財源

と仕組みの整理について市町村直轄で独自の組織を立ち上げ，社会福祉法の福祉サービス利用援助事業の枠を利用し，最終的には成年後見制度利用につなげることが必要である。
・実施主体としては，上記の福祉サービス利用事業が社会福祉協議会が実施するときのみ「地域福祉権利擁護事業」として国庫補助がつく枠組みであることから考えて，現時点では社会福祉協議会を想定せざるを得ないが，身上監護事項の重要性を考え社会福祉士会「ぱあとなあ」や事業目的を絞ったＮＰＯや社会福祉士事務所等が，権利擁護として専門性の高い地域の社会資源としてもっと活用されるべきであろう。

以上述べてきたように，結論としては基盤整備に基礎自治体の財政上および各機関の整理にその関与を強く求めるものであるが，実施主体をいづれにするにせよ，この事業は決して他の事業に付随するような位置づけでは治まらないもので，独立性及び専門性の高い組織として運営されなくてはならない。

2 今後の課題
成年後見及び対人援助基盤整備に関する公的役割

公的関与について川崎市のシステムの立ち上げに担当者と関わった福芝康祐は「公的機関が財産保全・管理サービスを行う場合に重要な視点は，高齢者等が地域で豊かに生きていく権利をどう支援するかであり，同じ財産を取り扱うとしても，当事者の権利擁護まで射程距離に入らない金融機関とは性格が決定的に異なる。地方自治体が関わる意義は，身上監護を実現していくスタンスに立ち，財産保全・管理サービスを既存の医療，保健，福祉サービスと一体的，総合的に提供することにより，本人の日常生活全般を支援することを基本として，これを権利擁護システムの中核として位置づけることであると言えよう。」[6]としている。

従来の措置制度は，いわば行政が後見的な役割をとり，家族等に期待されている機能をも果たしてきたものであったとも言え，今回市町村長

13 新しいシステムの提案

に後見開始等の申請権が付与されたこともそれと無縁ではないと考えられる。

そしてそれは，これまでみてきた諸外国の制度設計とシステムの面からみても，その方向は合致しており合理的であると考えられる。

社会福祉に関する公的役割としては，提供主体，財源援助，監督規制，サービスの利用保障などが考えられるが，行政自らがサービス供給主体としての役割を小さくしていくなかで，新しい契約制度下の公的役割として大きくなっていくのが国民及び地域住民にサービスの利用を保障をすることであるといえる。

そしてそれはとりもなおさず，住民である要援護者が主体性をもってサービスを利用できるようなエンパワメント的福祉対人支援の体制整備であり，成年後見制度はその一環として最終段階に位置づけられるものと考えられる。判断力が低下して要援護者である本人が決められなくなった場合においても，合法的な手続きをもって個々の生活にあったサービスを利用できるように，成年後見制度があり，その支援について公的役割は大きい。

このサービスの利用を保障するという公的役割は，国民すべてに対する権利保障としてされるべきであって判断能力や財産の多寡によって保障がされたりされなかったりが許されるものではない。そのために欧米諸外国ではまず対人社会サービスという考え方の基にエンパワメント的な福祉支援がなされた上で，必要に応じ成年後見制度の身上監護面についての関与がシステム的にされているのである。

厚生労働省は平成13年8月支援費支給決定事務の大要を提示したが，現時点で高齢者のみならず障害者の福祉サービス利用制度化について徐々に見え始めてきている。しかし，成年後見制度に関しては，「成年後見制度利用支援事業」としての枠組を崩さず各自治体が予算化すれば補助金を出すのみである。確かに成年後見制度は民法であるが，その対象となる者は福祉や介護の必要性が高い者であり，措置制度からの変換の影響が一番大きい契約弱者である。これらの者への成年後見制度利用に対し，「自らの所管する法ではない」からと消極的なことは，先に述べた行政の「サービスの利用を保障」する役割の増大を考えると疑問で

第5部　望まれる後見システムのあり方

ある。
　この状況を受けて実際の生活の現場に近い東京都をはじめとした自治体で，契約制度においての利用者への支援の制度やあり方等の検討がようやくはじまった。
　措置制度が原則的に廃止され，利用契約制度に移行していくに当たっては，知的障害者や痴呆性高齢者等契約制度になじみにくい人たちに対し，公的にどう対応していくのかが問われてきており，コンプライアンス・ルールとして基礎自治体でも理念的な整理をし実践の基盤整備をしていく段階に早く入ってくださることを願っている。

(1)　法務省民事局「成年後見制度の改正に関する要綱試案補足説明」1998年
(2)　上山泰『身上監護』「成年後見と身上監護」2000年，筒井書房
(3)　佐藤幸治「人権の観念と主体」『公法研究』日本公法学会　1999年第61号
(4)　新井誠「法人後見・任意後見業務の実践と課題」「ジュリストNo.1193」有斐閣　2001年64ページ
(5)　横浜生活あんしんセンター「法人後見検討会報告書　法人後見業務の実施に向けて」2000年
(6)　福芝康裕「行政に求められる役割と責任」『ソーシャルワークと権利擁護』権利擁護研究会編　2001年　中央法規出版　133ページ

14 後見ニードに即応するために

［小嶋珠実］

　身上監護事務と関係する生活全体への支援は従来福祉の役割と考えられている。今後もこの役割に変わりはないが、介護保険が始まり、障害者福祉の支援費制度への転換を目前にして、福祉サービスの利用システムが変革の時機をむかえている。福祉サービスを利用するための契約に対する意識を十分に高めていかなければならない。
　福祉サービス利用の契約を支援するために福祉サービス利用援助事業が開始された。しかし、この事業は判断能力の程度により利用制限があることから、判断能力が低下した人たちが契約を結ぶためには成年後見制度の利用が不可欠となる。もちろん、現在は、福祉サービス利用援助事業が在宅生活者のみを対象としていることから、判断能力が低下した人の多くが生活する施設における権利擁護の手段としても成年後見制度が有力となる。今後、福祉領域において契約意識が高まることで身上監護を目的とした成年後見制度の利用は増加するものと予測される。

1　後見を必要としている人々の発見

　成年後見制度の利用者が増加している。しかし、現在すでに何らかの福祉サービスを受給している人が、介護保険や支援費制度により今後新たな契約を求められる可能性があり、その契約を成年後見制度で支援することを考えると、まだまだ申請件数は少ないといえる。
　原因の一つは福祉サービスを利用するために契約が必要であるということをサービス利用者も提供者も十分に意識していない点である。福祉

第5部 望まれる後見システムのあり方

サービスが利用者と提供者という当事者間の契約により提供されるものであれば，自身で契約ができない契約弱者に対しては代理人による契約が必要となる。従来の措置，あるいは事務管理による福祉サービスの提供では当事者の意思が最大限に尊重される保障はない。後見人に義務づけられた身上監護義務こそが，被後見人の自己決定を尊重する後見人の立場を明確にしている。自分の意思に従い，できる限り制限のない生活をおくるためには，自分の意思を汲んでくれる信頼のおける代理人に自分の生活設計を委ねることがより安全な方法である。

しかし現実は，代理決定システムの不十分さにより，法的な根拠がないまま家族が代理契約をしている。この家族による代理契約については権利擁護の点からも問題であると指摘されることがあるが，現在の福祉現場で家族の代理契約を無効とし，福祉サービスの提供を中止することはまず考えられない。より安全に代理決定が行われるためのルールと代理決定を監視するための権利擁護システムが求められる。

また，当事者が福祉サービスを必要としている状態にあるかないかの判断も，当事者の判断能力が低下している場合には，一番身近な家族任せになっており，家族の相談から福祉サービスの手配が始まる。万が一家族による権利侵害があったり，家族による救急通報システムが機能しない場合に，はじめて民生委員や福祉事務所が家庭に介入する。しかし，福祉事務所など公的な相談機関が支援する場合にも，当事者の意思の尊重よりもより安全に保護することに視点がおかれる場合が多い。結局のところ，家族あるいは従来の相談機関による援助を受ける場合には自己決定の尊重よりもパタナリスティックな援助に偏ることが多くなり，真の権利擁護システムとはなりにくい。

一方，措置制度を縮小するだけでは，自己決定の尊重をすすめることにはならない。受けたいサービスを自分で決定し申し込むことができない契約弱者は，措置機能が縮小されることで，生きていく上で必要なサービスをも受給することが困難となる危険性が生まれる。措置機能が縮小する中で自己決定を尊重した援助を提供しようとすれば，代理権をもつ後見人の存在が，必要不可欠なサービスを受給するための砦となる。

現在は，要援護者に必要な福祉サービスを調整するという点で，家族

が後見人と同様の役割をはたしており，あえて費用と申請の手間をかけて後見に結びつける必要性は理解されにくい。契約や権利擁護について理解を深めていくとと同時に，成年後見制度の利用に向けて，どのように相談につなげていくか，利用しやすいシステムの開発が課題である。

実際，成年後見制度の存在を知り，この制度を利用しようと決断した当事者や家族は，家庭裁判所に問い合わせたり，成年後見センター・権利擁護センターを，あるいは弁護士事務所や司法書士事務所を訪れることで適切なアドバイスが受けられるはずである。また，漠然と「自分が痴呆になった後の財産管理が不安」「親亡き後の障害をもった我が子の行く末が心配」といった不安をもつ人たちは，日頃利用している施設の職員に相談したり，福祉事務所を訪れることもあるだろう。最近では，福祉サービス利用援助事業（地域福祉権利擁護事業）を始めた社会福祉協議会が直接相談できる窓口を用意している。どの相談形態も相談窓口に出向かなければならない，あるいは自ら（家族を含む）が訴えなければならない点が弱点となるが，相談窓口が増えてきたことで，後見的支援を求めようとすれば，相談から後見申し立てまでを支援するシステムは作られつつある。

一方，家庭内に後見的支援のニードがとどまっている場合には，家庭に入り支援する福祉専門職の役割が重要となる。家庭で福祉サービスを提供する福祉専門職としては，ホームヘルパーや地域福祉権利擁護事業での生活支援員や生活支援専門員，民生委員などがあげられる。判断能力が低下してもなお一定能力が維持されている人に対して，これらの福祉関係者が，成年後見制度や福祉サービス利用援助事業について情報を提供し，当事者が自身で制度利用について考える機会が設けられることが重要である。

また，費用の面からこれらの制度の利用が拒否される場合も考えられる。費用負担のデメリットと制度利用のメリットという相反することを説明できる信頼関係が不可欠となる。その点で，生活全体を日頃から支援をしている上記の福祉専門職が初期相談のきっかけに関わる意義は大きい。日常を支援する福祉専門職が成年後見制度を理解し契約弱者に関わることで，家庭内にとどまっているニードを明らかにすることができ

第5部　望まれる後見システムのあり方

る。ただし，これらの職種が後見制度の申し立てまでコーディネイトしていくことは，その役割の違いや調査権の有無などで困難と思われる。躊躇なく福祉事務所や社会福祉協議会，成年後見センターなどにつなぐために，まずは後見的支援が必要か否かの判断が期待される。

　福祉事務所のような行政機関が関わる場合には，例外的な措置による保護を行うのか，市町村長申し立てによる成年後見制度の利用をすすめていくのか，制度利用に直結する判断が求められる。福祉事務所など行政の相談機関には，後見の必要性を発見し後見の申し立てを担う特別な専門職種が配置されていない場合が多い。ニードの発掘から後見申し立てまでの手続き支援システムが措置制度を縮小する代替として行政機関にも用意される必要がある。

　以上のような後見申し立てまでの流れを考える時，各関係者の関わりは次のように位置づけられる。

① 　生活支援ニードの発見者

　家庭内にとどまる生活支援ニードを発見するためには，家庭に入ることが必要である。ここでは，身上監護の必要性を判断するのではなく，生活支援の必要性が判断されれば事足りる。

　具体的には次のような人たちが関係することになる。
- 当事者と家族
- 近隣や友人などの非公式な人間関係に基づく地域の支援者
- 民生委員，ホームヘルパー，地域福祉権利擁護事業の生活支援員や生活支援専門員など家庭訪問を援助方法の一つとしている福祉関係者

② 　後見的支援ニードの判断者

　後見的支援の必要性が明らかでない段階では，「福祉何でも相談室」の色彩をもつ福祉事務所が有力な駆け込み機関となりえる。

　しかし，金銭管理や契約など行政機関の関与に馴染みにくい後見的支援の必要性を判断するために，安価で気軽に利用できる相談場所が必要である。法的な権限はなく直接具体的な援助活動ができなくてもかまわない。弁護士や司法書士，社会福祉士による無料相談会が具体的な例としてあげられる。その他にも，成年後見制度や権利擁護，福祉全般に関

して，無料相談ができる窓口をもったNPO法人も設立されている。ここでは，持ち込まれたニードを分類し具体的な支援活動ができる専門機関を紹介できる程度の知識が求められる。問題解決よりも，幅広く初期相談ができるような総合相談窓口としての役割が期待される。

③　適切なサービス機関へのコーディネイト窓口

専門的な相談技術と知識を持ち，場合によっては支援活動もでき，他機関を紹介できる機能をもつ。社会福祉協議会による福祉サービス利用援助事業（地域福祉権利擁護事業）の窓口，権利擁護センターや成年後見センター，弁護士会の「高齢者・障害者総合支援センター」，司法書士会の「リーガルサポート」，日本社会福祉士会の「成年後見センターぱあとなあ」などがあげられる。契約により後見事務も担えるNPO法人も設立されている。

介護保険での在宅介護支援センターもこの役割を担う可能性をもっている。介護保険の範囲にとどまらない広く権利擁護をめざした活動ができるよう組織の充実と成年後見制度を含めた法律知識にも通じた介護支援専門員（ケアマネジャー）の養成が求められる。

④　公的な相談機関

行政が設置する相談窓口としては福祉事務所が代表である。ただし，措置機能が縮小していくなかで，どの相談機能が維持され，どのような福祉サービスを提供する権限が維持されるのか今後に注目される。また，福祉事務所が法人後見を担ったり，福祉事務所のケースワーカーが後見人となることは考えにくく，後見事務を担うというよりも，後見の申し立てすら困難な人に対して，何らかの手段を講じる機関である。市町村長申し立てに関する最初の判断機関にもなりえる。福祉事務所の調査結果により市町村長申し立ての必要性が判断されるとしたら，成年後見制度利用の重要な役割を担うことになる。

その他に，オンブズパーソンや施設サービスの第三者評価委員，苦情解決委員には，後見的支援だけではなく，広く権利擁護システムの一員としての役割が期待される。

2　後見申立てまでの援助

　市町村長の申立てが可能になり，措置制度から支援費制度に移行しても，申立てが可能な家族や親族がいない契約弱者も代理契約により必要な福祉サービスを受給することができる。経済的負担により申立てができない場合に備え，福祉制度として成年後見制度利用支援事業が準備された。

　実際，市町村長申立てによる後見も開始されているが，自治体により市町村長申立てを行う基準や手続きに関してバラツキがみられる。地域において適切に申立てができるように，条例改正により市町村長だけでなく区長申立てを可能にした政令指定都市がある一方で，成年後見制度利用支援事業を予算化していない自治体もあり，自治体間の温度差は大きい。

　市町村長申立てをする場合，その対象については自治体により内規が設けられている場合がある[1]。しかし，その内規に沿ってあるいは例外について，どの部署で市町村長申立てをするかしないかを判断するのであろうか。当事者の状況は実施機関である福祉事務所が把握できるものの，福祉事務所長が申立ての是非を判断し市町村長に具申するのか，福祉事務所が調査した情報をもとに別のセクションが判断するのか明確でない。また，市町村長申し立ての基準としてあげられる「親族がいても申立てに拒否あるい申立てが困難な場合」の判断をするために，どの程度の調査が求められているのかも明らかではない。公費の支出の可能性があることから，市町村長申立てについて厳格な基準は必要である。しかし，適切な時期に適切な援助が受けられるよう遅滞のない申立てをすることが何よりも重要である。スムースな市町村長申し立てができるような自治体内での手続きシステムの整備とその手続きについて住民への周知が求められる。

　さらに，費用面でのバックアップも自治体には期待される。後見制度は私的契約を補完するもので，かかる費用は個人が支払うべきものとさ

れる(2)。しかし,費用の点が強調されすぎると,後見の申立てを躊躇する場面が増えると思われる。少なくとも福祉制度が措置制度から支援費制度に変化するということは,契約にむけて安全性が保障されなければならない。そのための一つの方法が成年後見制度であり,この制度の普及と制度利用のための後見費用の援助を含めた手続きシステムの充実が,契約による福祉サービス利用が普及していくための条件となる。

(1) 東京都の場合,「本人に配偶者や四親等内の親族がいない」「本人に配偶者や四親等内の親族がいても申し立てを拒否している」「本人に配偶者や四親等内の親族がいても本人に対する虐待がある」「本人に配偶者や四親等内の親族がいることを戸籍上確認できるが,連絡がつかない」のいずれかの場合を区市町村長の申し立てが必要となる場合としている。なお,東京都では市町村長申し立てなど東京都内の区市町村で行われる成年後見制度の関連事務についてのマニュアルを作成している(「成年後見制度及び福祉サービス利用援助事業の利用の手引き」東京都福祉局編,2001年)。
(2) 新しい成年後見制度が成立するときに公的後見の必要性がいわれたが,公的後見は制度化されていない。当面は,公的後見に準じているともいえる福祉領域の「成年後見制度利用支援事業」の推移をみながら,公的後見についても論じられることが望まれる。

15　地域における身上監護システムの構築

［小賀野晶一］

1　はじめに

　本書においても言及されているように、地域からは近時、生活支援に配慮するしくみ・事例が多数報告されている（地域福祉権利擁護事業をはじめ、市区レベルの社会福祉協議会、財団法人、ＮＰＯ法人等が実施する事例など）。そこには国の制度を一歩進める新しい考え方と実践がみられる。とりわけ、身上監護の重要性が強調され、その運用にあたり専門家としての社会福祉士等が関与していることは、身上監護アプローチの立場からは大きな前進を示すものとして評価することができる。それらの先進例をシステムのあり方としてみた場合、身上監護システム化への重要な段階にあると考えることができる。

　地域における先進例が有する本質に学び、身上監護の基礎理論を打ち立て、かつ、身上監護システムを構築することは、学界と実務界における共通の課題といわなければならない。本書において私たちは、主として身上監護の実務と成年後見制度のあり方について社会福祉及び成年後見の各実務に学びつつ検討したが、以下に筆者（小賀野）の結論をまとめよう[1]。

② 地域におけるシステム化

　身上監護システムの構築に向けて，地域におけるシステム化が図られるべきである。
　民法における成年後見に係る変化をみると，第一世代は行為無能力制度であり，財産管理能力の減退者を保護する。パタナリズムを背景にした絶対的保護型ということができる。現行の第二世代は，新法が導入した成年後見制度である。財産管理能力の減退を制限能力と位置づけ，制限された部分を補充する。自己決定権を尊重する財産管理型ということができる。福祉法における変化をみると，第一世代は措置による援助であり，第二世代は介護保険法あるいは社会福祉法に基づく契約による援助といえる。契約による援助ゆえ，本人の自己決定権が尊重されるべきであり，成年後見法との関係が緊密にならなければならない。このことは，近代法の私的意思自治の今日のあり方を追求することにほかならない。
　今後の改革の方向としては，民法及び福祉法の第二世代の制度（その理念や内容）を基礎にしつつ，第三世代の成年身上監護制度の構築を目標にすべきであろう。そこでは，身上監護能力の減退を補充する，身上監護型の支援をめざす。とりわけ，国で構想，導入された成年後見制度，介護保険制度等の利用契約型介護福祉サービス，福祉サービス利用援助事業の各機能を，地域において，それぞれの実情に適合するように再編，接続させることにより，身上監護システムを構築する。
　このように身上監護システムが構築される営みと過程とを，システム化ということができる。これは，既存の個々の制度や活動が身上監護システムのもとに結合し，稼働することをめざしている。各制度はそれぞれシステムの内側に位置づけられており，外側において関係するものではない。後者の場合は，要援助者がその状態の変化により制度から制度へ，適切かつ円滑に移行できるかどうか（制度間の引継ぎ）が統一理念のもとに保障されているとはいえず，真に救済されるべき者が理論上も実

(a) 現行制度（各制度間の連携）

	〈成年後見制度〉	〈公的介護保険制度〉
根拠	民法，特別法	介護保険法
客体	事理弁識能力の減退者	要介護者・要支援者
内容	事理弁識能力の補充・代替	介護サービスの提供
方法	法定後見の発動 任意後見契約	介護サービスの提供契約

〈福祉サービス利用援助事業〉

社会福祉法
福祉サービスの利用が困難な者
福祉サービス利用の援助
福祉サービス利用の援助契約

(b) 身上監護システムを中核とする支援（機能としての総合的連携）

福祉（介護を含む）・保健・医療（介護保険等，福祉サービス利用援助事業，ほか）
　　　↑↓
地域における身上監護システム　←　　成年後見制度
　根拠：条例
　客体：身上監護能力の減退者
　内容：身上監護
　　　　身上監護のための財産管理
　方法：総合的な連携と支援
　　　　権利擁護，社会福祉におけるエンパワメント
　　　　身上監護への財産管理のくみこみ

際上も制度のすき間にとり残される可能性を否定することができないであろう。また，制度間の引継ぎの際の責任の所在（サービスの継続的遂行，事故の発生などにおける）を明確にすることも必要であろう。
　地域におけるシステム化を簡略に示すと，現行制度（上掲(a)）を基礎とした身上監護システム（同(b)）の実現，ということになろう[2]。(b)における財産管理は，国の成年後見制度が基礎となるが，本システ

ムでは精神上の障害による事理弁識能力にとどまらず，より広範に身上監護能力を基準にする。身上監護の支援のなかに財産管理の支援がくみこまれるのである。なお，かかるシステムを成年後見法の改正によって行おうとすることは，新法施行後間もないことを考えると現実的でなく，法秩序の安定を優先しなければならない。身上監護の目的を考えると，むしろ，地域の実情に応じて，地域レベルで構想，導入されることが望ましい。地域には，より一般的制度である国の制度を基礎にし，それに改善を加えることが期待されているといえよう。

以上は，これまで財産管理を中心にしてきた制度を，身上監護を中心にしたシステムに変更するものであり，財産法における発想を根本的に転換することを求めている。財産管理は，福祉・保健・医療にくみこまれることによって，実質的な意味をもつことができる。財産管理はますます重要になってきたのである。

用語の問題であるが，身上監護の「監護」は威圧的と考えるのであろう，身上監護を避け身上配慮と称するものがある。858条等は「配慮」の用語を用いている。未成年者については「監護」（820条）と明記されていること，成年身上監護は未成年（身上）監護に対応し得ること，成年後見法の議論において用いられてきたことなどを考慮し，本稿では身上監護の語を用いるが，固執しない。

3 身上監護を中心とした連携及び支援
システムの内容

(1) 概　　要

身上監護システムとは，身上監護の目的を実現するために，地域における福祉・保健・医療の援助が相互に連携し，かつ，それらの援助が本人（被援助者）の意思，意向に従って実施されることによって，本人（身上監護能力減退者）の生活を総合的に支援するしくみをいう。また，身上監護とは，福祉・保健・医療などについての決定権限をいい，決定に基づいて一定の手配を行うことが含まれるが，かかる決定権限・手配と福祉・保健・医療そのものとは区別される。なお，本書は成年身上監

護を扱っており，身上監護とは成年身上監護を指すが，そこでの考え方は，基本的には未成年身上監護にもあてはまるものである（民法7条の趣旨，児童をとりまく近時の法整備の状況などを参照）。

身上監護システムは，現行の成年後見と異なり，支援の主たる内容として身上監護を位置づける。人々が安心して生活するためには，身上監護能力の補充が必要である。この能力は，財産管理に関する判断能力よりも広義に用い，生活を維持する精神的・身体的能力をいう。能力減退の原因は精神障害に限定されない。さらに，判断能力がある者についても，判断のための助言を得ることができるということが必要ではないだろうか。かかる生活支援重視の視点を重視する。新法では支援の対象外とされた浪費者（旧規定では準禁治産宣告の対象とされていた）についても，これを放置してよいとは直ちにいえないであろう。

身上監護の機能は，一方でソーシャルワークと，他方で財産管理と結合しなければならない。換言すれば，社会福祉におけるエンパワメントと成年後見における財産管理・権利擁護とが結合することによって，身上監護と財産管理とがその本来の機能を発揮することができるのである。

実際の援助（介護等の実働）は，身上監護システムにおける決定及び手配に基づいて進められる。援助の基盤は，介護保険・福祉サービス利用援助事業のほか，保健・医療の各しくみが中心となる。本システムの主体となる支援者は，医療・保健・福祉の各専門分野及びその周辺分野（日常生活を含む）において，本人の権利擁護を図る役割を担う。くりかえし述べると，介護保険のように介護の実働を目的とするものではなく，かかる実働からは一定の距離をおく。また，従来からの相談機関とも異なる。

身上監護システムのもとにおいて，かかる総合的な連携及び支援が進められるにあたっては，例えば地域の人口，福祉実践の経験，関係機関の組織や活動の状況など地域の特徴を考慮し，その形態や内容について住民の意向を考慮する必要がある。全国一律に考える必要はなく，複数のとりくみ方があり得よう。

参考例を掲げる。福祉サービス利用援助事業の本質が身上監護であることを明確にし，その機能を拡大することが望ましい。また，介護保険

におけるケアマネジメントの機能も，十分に発揮されるべきである。身上監護システムの構築にあたっては，住民サービスの実践的経験が豊富な地方自治体（地域の事情に応じて市町村，特別区，都道府県，広域連合などいろいろな態様があり得る）が中心的役割を担うことが望ましいであろう。システムの中軸となるべき主体には，地域福祉権利擁護事業（福祉サービス利用援助事業）を担う社会福祉協議会をまず挙げることができる。加えて，福祉サービス利用援助事業の実施主体には，研鑽を重ねるその他の団体・組織が登場してもよい(社会福祉法上も認められる)。社会福祉協議会とその他の団体・組織との連携もあり得る。以上の中軸主体に，その他の関係団体・組織が環のように連結・協力し，また，専門家として弁護士，司法書士，社会福祉士などが関与する。関係団体には，公益法人（民法），社会福祉法人（各種の社会福祉関係法）などのほか，ＮＰＯ法人（特定非営利活動促進法）の参加が期待される。

　以上の身上監護システムが従来の事例・活動と決定的に違うところは，人々の安心と信頼を得るために，第一次的に身上監護を目的とすることにある。財産管理は身上監護のために行われることが明確にされる。それに伴い，より豊かな内容を有する新たな財産管理が求められることになろう。そこでは，支援の発動の契機は，身上監護を中心に行われるとともに，各種の機能が身上監護の視点から総合的に調整される[3]。要所要所で，身上監護の考え方のもとに福祉・保健・医療の専門家が関与する。例えば福祉分野では，社会福祉士の専門家としての働きが十分に発揮されなければならない。

　このようにして，救済されるべき者が，一方の制度と他方の制度との大小さまざまなすき間に埋もれることがなく，この制度では対象外として別の制度へ「たらい回し」にされることもない[4]。あるいは，既存の制度では対象とされなかった者に対して，統一した考え方のもとに実質的な支援が行われるのである。

(2) 手　法

　身上監護システムは契約と後見的配慮とを柱とするしくみである。すなわち，本システムのもとにおける支援は，当事者の合意を基礎にする

第5部 望まれる後見システムのあり方

契約の手法を原則とし（任意後見システム），必要に応じて後見的配慮に基づく援助が行われる（法定後見システム）。いずれの場合にも，本人の意思が最大限に尊重される。

　新法の任意後見契約が停止条件付としてくみたてられたために利用しにくいとしたら，契約締結時から発効することとし，状況の変化に応じて契約内容を修正することができるようなしくみにする。利用者にとっては，その方がわかりやすいように思われる。なお，新法の任意後見契約の内容として，一定の介護義務を含めることは可能であると解すべきである（新井説，須永説など。立法化の段階で主張された加藤雅信説を参照）。本システムではこれを明示する。

　身上監護システムの支援者には，日常生活の代理権・代行権，社会福祉の代理権・代行権，精神保健福祉の代理権・代行権，医療における承諾等の代理権・代行権が与えられる。このうち，とりわけ医療については，インフォームド・コンセントのあり方をめぐって議論が行われてきた。本システムにおける支援者は，本人・家族の傍らにいて助言すべきである。支援者はさらに，家族とともにあるいは家族に代わって説明義務の相手方にもなり得ると考えたい。家族と支援者との判断の優先関係をどのように考えるかは微妙である。システムの理想としては，一定の手続のもとに登場した支援者の判断が優先すべきであると考えるが，とりわけ社会福祉分野における本システムの定着が必要でありそれまでは従来からの習慣に従わざるを得ないであろう。

　身上監護システムの支援者や福祉・保健・医療の援助者には，原則として本人の財産から費用や報酬が支払われることになるが，そのための財産管理を行うことも必要であり，成年後見制度との連携が不可欠となる。財産管理権限を有する者は，本人の財産が不足していると確認した場合には，公的援助の必要性，可能性を検討すべきである。地域には，成年後見制度（法定後見と任意後見）の機能を補充し，発展させるべき重要な役割と責務がある。

　身上監護システムの運営等については，官・民の参加の機会均等が保障されるべきである。もちろん，身上監護に関する必要かつ十分な情報が，住民・関係者に随時提供されなければならない。一定の情報につい

ては説明責任が求められるべきである。

(3) 効　果

　身上監護システムは，そのもとに連携と支援が総合的に保障されることによって，介護問題（広義のもの）の解決に貢献するとともに，社会的入院，触法精神障害，薬物中毒，自殺，その他の事故など，生活支援に関連する広範な課題に対しても，重要な働きをすることができるであろう。

　また，福祉・保健・医療に民法が関与することによって，個人の財産あるいは財産管理へふみこむことができる。福祉・保険・医療のそれぞれにおける自己決定や権利擁護の考え方も人々に明確に意識される。

　身上監護システムは，民法と福祉法との接近の試みである。ただし，地域の人々にとっては，民法と福祉法という伝統的分類には関心がなく，実務において何がもたらされるのかに関心がある。地域の先進例は，実務が理論をリードしてきたことを教えてくれる。学問としては，福祉法と民法とが関係することによって，問題の本質を明らかにすることができる。理論と実務とが密接に関連することによって，より強靭な理論と実務が創造されるということもできよう（交通法，環境法，不動産法，金融法などにはそのような成果を認めることができる）。こうして私法規範が濃密化し，実質的な支援が可能となるのである。身上監護システムの提案は学問と実務のあり方に対する問題提起でもある[5]。

4　条例によるシステム化の導入

　身上監護システムは住民の権利・義務に関わる基本的事項であることを重視すると，これを導入，実施するにあたっては住民の合意に基づくことが重要である。本システムは，成年後見，介護保険，福祉サービス利用援助事業など国レベルで構想・導入されたしくみを基礎としつつ，その内容を整序・修正するところがあるから，それを適法に実現するためには条例が制定されるべきであろう。そこでは国の法律（成年後見法，

介護保険法,社会福祉法など)と地方自治体の条例との関係が問題になるが,条例におけるいわゆる「横のせ(横だし)」「上のせ」の手法の考え方を応用すればよいのではないか。この手法は本テーマについては未経験であるが,特に公害法において経験を重ねてきている[6]。条例による「横のせ」「上のせ」は,もとより「法律の範囲内」で行われるものである[7]が,法律と条例との関係という行政法上の問題を抱えており,どこまで条例によって行えるかが明らかにされなければならない。連携を進め,地域の特性を活かすためには,理論的障害を克服することが必要である。

条例化に先だち,地域において情報提供を進め議論を深めるために,地方公共団体を中心にして各団体・地域から成る身上監護システムを導入するための「推進会議」あるいは「フォーラム」等を立ちあげることも考えられる。これは,国の制度を一歩進めるために,地方行政のいくつかの分野において従来より実践されてきたものである[8]。かかるシステム化の過程は,地域における法学学習の実践にほかならない。

重要なことは,地域がこのシステムを必要とするかどうかであり,導入への自覚と熱意ではないだろうか。そのために,それぞれの地域が必要とする身上監護システム像について,専門家は進んで説明し問題提起をすべきであろう。

5 むすび

地方分権の今日,地域の特徴を考慮した身上監護システムの構築が求められている。

身上監護システムは,かかる問題意識から,地域における成年身上監護制度の具体像を示そうとしている。これは実務のあり方への提案であり,成年身上監護制度論の,いわば実践版である。本書は実践的身上監護システムの課題をまとめたものといえる。

身上監護システムの具体像は,一方では,わが国の社会福祉のエンパワメントの実践や,社会サービスのあり方,介護問題に対する地域のと

15 地域における身上監護システムの構築

りくみの実践から導きだすことができ（池田，小嶋参照），他方では，成年後見法などにおける権利擁護の実践から導きだすことができる（中井参照）。このシステムは福祉法と民法とが緊密に関連した総合支援システムである。本書では保健・医療については福祉ほどには言及できなかったが，福祉及び成年後見に含まれる本質は保健・医療にも妥当するであろう。

地域の試みが成熟すれば，そこから国の次世代の制度像についても重要な示唆を得ることができるものと思われる。

(1) 以下の結論部分が社会福祉実務や成年後見実務からの結論と同一であると断定することはできないが，その基本的方向は同じであり，また，内容や方法の大筋は一致している。細部に違いがあるとしても，今後の具体的検討のなかで解決できるものである。
(2) 現行制度及び実務を鳥瞰するものとして，新井誠編『成年後見』（有斐閣，2000年），野田愛子・道垣内弘人編「成年後見制度と地域福祉権利擁護事業」判例タイムズ1030号（2000年），（社）成年後見センター・リーガルサポート責任編集『実践成年後見』（民事法研究会，2000年），田山輝明・長谷川泰造編『現場の成年後見Q&A』（有斐閣，2001年）を挙げておこう。
(3) 注目すべき実践例の一つとして大阪の事例を挙げることができる。本書中井論文のほか，青木佳史「大阪弁護士会・高齢者・障害者総合支援センター『ひまわり』の取り組み——あいあいねっとや大阪社会福祉士会との連携の中で」判例タイムズ1030号219頁以下（2000年）などを参照。福祉・保健・医療の連携そのものは，従来より指摘されてきたものであり（例えば河野正輝・菊池高志編『高齢者の法』240頁以下（石橋敏郎執筆）（有斐閣，1997年）参照），貴重な提言であることはいうまでもないが，本書はそれをくり返しているのではないことを強調させていただきたい。
(4) 組織・団体間の外側の連携には，権限の範囲，責任の所在等において限界がある。例えば，地域では福祉事務所と保健所の統合が進められているが，「独立した機関どうしの連携には一定の限界があることから，両事務所を統合し，総合的・一体的提供に努めます」（秋田県福祉保健部，2000年）の趣旨が参考になる。
(5) 例えば，「日本人の国民性と生活の実態に根ざした法と法学の建設は，まだ当分先のことである」（五十嵐清『法学入門（新版）』247頁（一粒社，2001年））とするとらえ方を，筆者（小賀野）は重く受けとめるとともに，克服のための試みが必要ではないかと痛感する。

第5部　望まれる後見システムのあり方

(6) 野村好弘『公害法の基礎知識』61頁，71頁（ぎょうせい，1973年），阿部泰隆『政策法学と自治条例』110頁以下（信山社，1999年）。
(7) 小早川光郎『行政法上』111頁（弘文堂，1999年）。
(8) 環境分野の一例であるが，循環型社会の構築に向けた国の制度の整備を受け，県民総参加による廃棄物減量・リサイクル推進のとりくみを本格的に進めるために平成13年度に秋田県に設置された「ごみゼロあきた推進会議」（秋田県生活環境文化部環境整備課）を掲げておこう。福祉と環境は，いずれも生活のあり型に直結し，地域の個性を尊重するということでは共通点も多い。それぞれにおける先進的試みは相互に参考にされてよいであろう。

参考文献
2001年12月現在　論文は割愛

(1) 制度論，立法論
新井誠『高齢社会の成年後見法』（有斐閣，1994年（改訂版・1999年））
米倉明『信託法・成年後見の研究』（新青出版，1998年）
小賀野晶一『成年身上監護制度論──日本法制における権利保障と成年後見法の展望』（信山社，2000年）

(2) 比較法研究（制度論，立法論を含む），外国法制と実務
須永醇編『被保護成年者制度の研究』（勁草書房，1996年）
田山輝明『成年後見法制の研究（上巻・下巻）』（成文堂，2000年）
日本社会福祉士会編訳・新井誠監訳・上山泰解題『ドイツ成年後見ハンドブック──ドイツ世話法の概説』（勁草書房，2000年）

(3) 成年後見制度の開設と新法の解釈論
小林昭彦・大鷹一郎編『わかりやすい新成年後見制度（新版）』（有斐閣，2000年）
小林昭彦・大鷹一郎・大門匡編『一問一答新しい成年後見制度』（商事法務研究会，2000年）
小林昭彦・大門匡編著『新成年後見制度の解説』（金融財政事情研究会，2000年）
額田洋一・秦悟志編『Q&A成年後見制度解説』（三省堂，2000年）
石井真司・伊藤進監修『新成年後見制度と銀行取引Q&A』（BSIエディケーション，2000年）
床谷文雄ほか「特集・成年後見法の改革」民商法雑誌122巻4・5号1頁以下（2000年）
高村浩『Q&A成年後見制度の解説』（新日本法規，2000年）
赤沼康弘ほか『新しい財産管理・身上監護の実務』（日本法令，2001年）
高村浩『成年後見の実務──手続きと書式』（新日本法規，2001年）
島津一郎・松川正毅編『基本法コンメンタール［第四版］親族』（別冊法学セミナー）（日本評論社，2001年（山田輝明，神谷遊，岡孝）

⑷　成年後見法の運用（調査）
成年後見関係事件の概要――平成12年4月から平成13年3月（最高裁判所事務総局家庭局）

⑸　成年後見と社会福祉の法と実務
野田愛子・升田純編著『高齢社会と自治体』（日本加除出版，1998年）
新井誠編『成年後見――法律の解説と活用の方法』（有斐閣，2000年）
日本社会福祉士会編・上山泰著『成年後見と身上配慮』（筒井書房，2000年）
野田愛子・道垣内弘人編「成年後見制度と地域福祉権利擁護事業」判例タイムズ，1030号（2000年）
大曽根寛『成年後見と社会福祉法制――高齢者・障害者の権利擁護と社会的後見』（法律文化社，2000年）
中山二基子『老いじたくは「財産管理」から』（文藝春秋，2000年）
平田厚『新しい福祉的支援と民事的支援』（筒井書房，2000年）
野田愛子・田山輝明編『Q&A高齢者財産管理の実務（新版）』（新日本法規，2001年）
田山輝明・長谷川泰造『現場の成年後見Q&A』（有斐閣，2001年）
(社)成年後見センター・リーガルサポート責任編集『実践成年後見(1)(2)』（民事法研究会，2000年，2001年）

⑹　社会福祉
馬場寛『社会サービス法』（樹芸書房，1997年）
森田ゆり『エンパワメントと人権』（解放出版社，1998年）
Nベイトマン著，西尾祐吾ほか訳『アドボカシーの理論と実践』（八千代出版，1998年）
小田兼三ほか『エンパワメント』（中央法規出版，1999年）
岡崎仁史『ドイツ介護保険と地域福祉の実際』（中央法規出版，2000年）
社会権利擁護研究会編『ソーシャルワークと権利擁護』（中央法規，2001年）